大师的感召

张世林 著

新世界出版社
NEW WORLD PRESS

图书在版编目（CIP）数据

大师的感召/张世林著．—北京：新世界出版社，2017.1

ISBN 978－7－5104－6080－7

Ⅰ．①大…　Ⅱ．①张…　Ⅲ．①随笔－作品集－中国－当代②书评－中国－现代－选集　Ⅳ．①I267.1②G236

中国版本图书馆 CIP 数据核字（2016）第 310648 号

大师的感召

作　　者：张世林
责任编辑：陈晓云　张铁成
特邀编辑：杨汝模
责任印制：李一鸣　王宝根
出版发行：新世界出版社
社　　址：北京西城区百万庄大街 24 号（100037）
发 行 部：（010）6899 5968　（010）6899 8705（传真）
总 编 室：（010）6899 5424　（010）6832 6679（传真）
本社中文网址：http：//www.nwp.cn
本社英文网址：http：//www.newworld-press.com
本社电子信箱：nwpcn@ public.bta.net.cn
版权部电子信箱：frank@ nwp.com.cn
版权部：+8610 6899 6306
印　　刷：北京中印联印务有限公司
经　　销：新华书店
开　　本：710×1000　1/16
字　　数：130 千字　　印张：11.75
版　　次：2017 年 1 月第 1 版　2017 年 1 月第 1 次印刷
印　　数：1—4000
书　　号：ISBN 978－7－5104－6080－7
定　　价：36.00 元

目　　录

三、感悟

编辑杂感

——代前言

少年时立志，我因不知有编辑这个职业，随了大流。中学毕业后我先当农民，后做工人；大学毕业后被分配进了法院。这个时候，我当然知道世上有编辑这个职业了，于是心向往之。不久，我很幸运地调入中华书局，成了一名编辑，而且一干三十多年，直到退休了，还不能收手。记不起来是谁说的了，上帝造人，就是要让你最后选择一件事干好它。我大概就是这样的人，所以一旦选定了这个工作，就兢兢业业、孜孜矻矻、数十年如一日地干到了今天。现在回想起来，干这件差事真是酸甜苦辣咸，五味杂陈，不像当初想的那样，以为当编辑就是读别人著作，可以先睹为快那么简单。

我一进入中华书局便参与创办《书品》杂志，从此开启了我的编辑生涯。办过杂志的人都有这样的体验：一期刚刚推出，时间过得飞快，一下子就又到了出下一期的日子了。《书品》是季刊，三个月一晃就过去了，你一不留神，就会出现稿子没组齐，无法按时出版的尴尬局面。为此，组稿就成了我那时编辑工作的重中之重，整天脑子里想的就是该请谁写哪篇文章才能满足这一期的需要。那个时候既没有电脑也没有手机，组稿的基本手段除了上门拜访作者当面提出要求外，就是靠打电话或写信。效率当然不能和现在同日而语了。何况杂志设有不同的栏目，每个栏目都不能开天窗。有的时候，其他栏目的文章都齐了，甚至还有富裕，可就是有一个栏目缺了一篇，你那个急啊！这时就看你能不能找到一个快手了，否则就要麻烦了。在你还没有找到之时，那真是寝食难安啊！我办《书品》七年多后，又被调去创办《传统文化与现代化》大杂志。这是一本双月刊，出了一期赶下一期，感觉时间过得更快了。何况除了组稿，还要审读，进行编辑加工，并且还要办得出彩。这样一干又是七年多。别人不知道我是怎么过来的，可我自己最清楚那十五年当中发生的一切，不是一两句话就能说得清楚的。

上面说的是我在办杂志期间工作中的一些体会，接下来再说一说改做图书编辑工作后的感想。

原来办杂志时总担心稿子不够而拖期，所以组稿这一环就成了工作的重中之重。调入新世界出版社后我做了图书编辑，由于有了上面那一段时间的锻炼和积累了一定的经验，就用不着那样担心了。但是新问题又出现了，这就是如何保证实现图书的两个效益？在市场经济的条件下，出版图书光有社会效益是不够的，还要有经济效益。反过来也是这样。随着出版社的转企，这个问题就更加突出，并成为编辑工作中首先要考虑的大事。为此，我先后组织并出版了《故宫史话》《清东陵史话》《清西陵史话》《中国历代王朝兴亡四字歌》《病榻杂记》等一批出自名家而又有双效益的图书；另一方面，我始终坚持认为一个出版社必须全力打造自己的品牌书，要通过它们来形成自己的出版特色，并为民族文化的振兴作贡献。这样就有了我先后策划主编的《名家心语丛书》《想念大师丛书》《情系国计民生——政协提案的故事丛书》和《中国古典数字工程丛书》。这些大型丛书不仅是新世界出版社所独有的，而且自出版以来，便赢得了有关方面和广大读者的一致好评。当然了，策划、组织、出版这几套大型丛书并非一蹴而就，而是备尝艰辛的。我相信凡是做过编辑工作的人都能体会得到。

其实除了组稿工作不容易外，拿到书稿后进行编辑也不轻松。没做编辑工作的时候，总以为这差事多好啊，你能够近水楼台先得月，第一个读到作者交给你的书稿，快何如之！但真捧着稿子开始审读了，感觉可就没这么好了，因为此时的你不是普通读者，只管阅读就行了；而是作为责编，要对书稿的质量负责，进行必要的加工。要是赶上一个高水平的作者，作品内容丰富、立论鲜明、观点正确、结构合理、叙事生动、文字流畅，你还可以省省心，并有先睹为快之感；要是遇到一位水平一般的作者的作品，可就够你喝上一壶的了。你对着书稿怕只有抓耳挠腮而绝无闲情逸致了。有时候，你把作者的稿子改得满篇飘红，纠正了不少的差错和不当之处，核对了大量的引文，作了必要的订正和补充，使书稿终于达到出版要求的水平。待到出书之后，一旦畅销，受到读者赞誉的是作者，你只能是一个默默无闻的幕后英雄；可万一出了一点问题，有关方面和出版社会第一时间把板子打到你的身上，因为你是责任编辑，出了岔子不找你找谁。有时候，作者交给你稿子的时候要求不许改动。在这种情况下要是你拿到的真是一部达到出版水平的高质量的书稿，一点错误都没有，当然无须改动，仔细审读后即可付之出版，何乐而不为呢？但哪有这样好的事情。对此，要么退稿，要么经过商量后进行必要的编辑加工。其实，提出这种要求的作者以前多半是被不负责任的编辑胡乱改动给吓怕了。只要你认真审读书稿，把确实有误的地方一一改正过来，并请作者过目认可，我相信作者不但会同意你的改动，而且还会感谢你。我在香港工作期间，就曾有过一次不愉快的经历。一位作者交给我一篇稿子，要求不作改动。我本来想退稿，但作者的妈妈说这是她女儿用心写的一篇回忆文章，“她不让改我同意你改”。于是我认真地对文章的结构作了调整和文字修改后，经作者的妈妈同意予以发表了。但没想到，女儿看到后给我打电话再三责问，不依不饶。因为得知她的精神曾受过刺激，我也就不与之计较，默默承受责难。这件事真是费力不讨好，但谁让我是干这一行的呢！

更让人无可奈何的事，是你从选题策划通过后开始组稿、催稿、审稿、发排、校对直至打出清样，费了许多心力，但就在申请图书在版编目准备下厂印刷时，却被告之此书不能出版，具体原因却不说。我主编的《想念大师丛书》中的《想念周一良》一书就是这样。此前的一切辛苦和劳动，到此全都白费了。真是令人欲哭无泪！

更有甚者的是，书都已经印出来了，却因为作者已故，家属意见不合（此前征询时并无表示），以致无法上市发行。这些事听着有点不可思议，但我都经历过。

其实编辑的工作还不仅仅是组稿、审读、编辑加工这些，它更是一个系统工程。一名编辑除了要知识面广，具备较高的理论素养、政策水平和文字加工能力外，还要具备相应的策划、组织、公关、判断、写作、审美等等的能力，才能胜任自己的工作。编辑不仅要对书稿的内容、质量负责，还要因题材和读者对象的不同而选择恰当的版式（包括字体、字号等）、开本和纸张，特别是根据自己对书稿内容的把握和对市场的了解，对书的装帧设计、用纸等方面提出具体的意见。例如是用特种纸以突出质感，还是用铜版纸四色印刷以夺人眼球；封面、封底用什么图案和文字，前后勒口摆放什么，这些都需要你的参与，千万不要认为这只是美编的事。我在工作中有时会发现一部书内容挺好，就是封面装帧设计平平，不能很好地与内容相呼应、配合，结果是美中不足，留下遗憾。因此，如果不是把编辑工作当成一个系统工程来对待，而编辑本身又欠缺相应的知识和能力的话，要做好这项工作谈何容易！

上面说的主要是我在编辑工作中遇到的问题和困难，是不是就没有收获和成就了呢？当然不是，我下面就要概括地讲讲这方面的感受了。做了一辈子的编辑工作，我最大的收获就是结识了一大批大师级的学者，同他们建立了深厚的友谊。虽然他们中的许多人已先后作古，但承载着他们的精神和学术思想的著作，却经由我手编辑出版而得以永垂后世。这是我们民族的一份极为宝贵的文化遗产！我有幸通过自己的坚持和努力，把它们抢救和传承了下来。要不是从事编辑工作，我怎么能做到这些呢？我每每望着书柜中陈列的《书品》《传统文化与现代化》《学林春秋》《学林往事》《名家心语丛书》《想念大师丛书》《情系国计民生——政协提案的故事丛书》《中国古典数字工程丛书》《季羡林学术著作选集》等一排排的书刊，自豪感和幸福感不禁油然而生。虽然外人不一定都能理解我作为一名编辑的半生心血的付出，可我认为是十分值得的。我的内心感到很充实。特别是我在同大师们的接触中，目睹了他们的音容笑貌，聆听了他们的谆谆教诲，阅读了他们的鸿篇巨制，感受到了他们的勤奋努力，领略了他们的风采和魅力，这都激励我要自觉地向他们学习，要把他们的学问和精神传承下去，要把自己的本职工作做好，以不辜负同他们的交往和他们对我的信任和期望。我每一次去拜访他们，于亲切的交谈中都有丰富的收获。我不敢将这些据为己有，只想把它们如实地披露出来，与广大的读者共同分享。于是我写出了《大师的侧影》，真实地记述了我同三十二位大师交往中的一些鲜为人知的细节和趣闻，以冀为人们开展学人和学术史研究提供可信的史料。写到这里，我脑海中出现的是楚老两镜叠加，“老不废书”的感人画面；是匡老老当益壮，不知老之已至的拼搏精神；是季老数十年如一日，鸡鸣即起，笔耕不辍的学人本色；是华老七十多年不停的画笔，创作出无数脍炙人口的漫画，讽刺、批判社会弊端；是傅璇琮先生用他一生的编辑实践和学术成就告诉我们，一名编辑不仅可以出色地做好本职工作，也能够成为某个领域的学术大师……他们的精神总是在激励着我和影响着我。受他们的精神的感召，我不仅兢兢业业地从事编辑工作，踏踏实实、认认真真地做好每一部书，而且还利用业余时间，坚持笔耕不辍，撰写了大量的文章，介绍大师们的不朽业绩和风范，与广大读者共同分享。

现在我把这些年来撰写的有关大师们的回忆、与书结下的缘分和工作感悟的文章编为一集，定名为《大师的感召》，作为我在长期的编辑工作中追随大师和学习他们的精神及学问的一点结晶和成果。

一、怀　　人

楚老与中华书局

1986 年夏末的一天上午，我来到团结湖杨伯峻先生的家。此前，赵守俨先生带我来拜访过一次，是为了给《书品》组稿。后来听同事说他与楚图南沾亲，他们之间关系很好。此时我正忙于筹备纪念中华书局成立七十五周年的工作，其中一项就是邀请一些老先生题词。我查了一些资料后得知，楚老不仅是国家的领导人，还是一位德高望重、学识渊博的学者，又是著名的书法家。更重要的是，早在三十年代，他就曾将霍威尔士的《地理学发达史》翻译成中文交由中华书局出版，同中华书局的关系可谓渊源甚深。要是他老人家能给我们题几个字该多有意义啊！为此，我特意来请杨老帮忙。他知道我的来意后说："我同楚图南的私人关系确实很好，只是这几年我身体不好，腿脚不便，眼睛又看不大清楚，很少去看他，倒是他每年春节都来看我。题字的事干脆还是你直接去找他谈吧，我给他写一封信介绍你去。"说完，杨老从书桌上拿出一张信纸，眼睛凑得很近地写了一封短信，并在信封上写了楚老家的地址，注明由我转交，最后还署了自己的名字。

我拿到这封信觉得事情已经办成了一半。第二天上午，我照着地址来到了楚老的府上，这是东四的一座老式的四合院。我按了门铃，门开了，走出一位工作人员。我把介绍信递给他，见是杨老介绍来的，他忙把我让进门，叫我在外院稍候，他进里院去通报一下。不一会儿，他出来对我说："楚老请你进去。"我便随他进到客厅。楚老见我进去，便放下手中的信，站起来同我握手。我发现他的个子很高，脸上全是笑容。他一边让我坐下，一边说："你很年轻啊，同杨伯峻先生是同事，也在中华书局工作。中华书局是个了不起的地方，是我们国家的一个老字号出版社。我记得从十几岁起就开始读你们出的书，直到现在还在读。中华书局对我们国家的文化建设贡献很大。如今成立多少年了？"我见他老人家问到这个问题，连忙答道："明年一开年，就要迎来七十五岁的生日了，我们准备搞个庆祝活动，想请您给我们题个词。""七十五岁，比我小不了太多，我今年八十八岁。你们出版了那么多的好书，功德无量啊！我应该支持你们的工作，就怕字写得不好。"

我见楚老答应了，提着的心总算放下了，便从包里拿出《书品》第一、二两期送给他，同时介绍说："这是中华书局新创办的一本小杂志，想请您指正。"他听后高兴地接过去。我怕占用他的时间过多，便起身告辞。他坚持把我送到门口。

没过几天，突然接到楚老身边的卫士长小孟的电话，说楚老请我去一趟。那天下午三点，我来到楚老府上，小孟把我直接领进书房，只见他老人家正坐在沙发上，鼻子上架着老花镜，一手拿着我前几天送他的《书品》，一手拿着一柄放大镜，两镜相加，聚精会神地在阅读。见我进来，忙招呼我坐在他对面的沙发上，高兴地说："你上次送我的《书品》已看过了，有的文章还不止看了一遍，很有意思。杨伯峻先生写的那篇《我和〈左传〉》，我就看了两遍。他从四岁起就在祖父的监督下诵习《左传》，后来又跟叔父杨树达学习经书，打下了深厚的国学根底。以后他自己研究《左传》，为之作注，取得了很大的成就。老一辈学者对学业刻苦用功、认真钻研的执着精神是很值得当代年轻人学习的。过去他从祖父和叔父学习的事我知道一些。这次看了他自己的叙述，更觉得亲切感人，很值得一读啊。另外，谢方写的那篇《二十六年间》，我也看了两遍，写得多好啊。现在的年轻人真应该好好读一读。一本《大唐西域记校注》的出版，前后经过长达二十六年的时间，中间几起几落，那么多的专家学者参与其间，做了那么多的工作，有的人甚至没能见到书出来就去世了，多么可惜又是多么值得把他们的事迹记录下来啊！这可见当时学术著作出版有多难！这中间的艰辛和甘苦，只有经历过的人才最有体会。多亏了有谢方那样的责任编辑，二十六年间他矢志不渝，始终如一，为了这部书的出版，克服了重重的困难，帮助解决出版中的具体难题，出主意，想办法，组织力量，终于使这部书在经历了二十六年的风风雨雨后问世了。作为一名责任编辑，他对工作的满腔热忱和对事业的执着追求的精神，是值得人们的尊敬和学习的。你见到谢方时请代我致意。”

楚老看书是这样的认真和细致，一本小小的杂志竟引起他老人家这么大的兴趣，这是我没有想到的。但是，他对于学者的尊重，对于他们的劳动所给予的理解和肯定，却给我留下了深刻的印象。我想这同他本身就是一位学者直接相关。

“中华书局是个很了不起的出版社，七十五年来你们出版了那么多的好书，像‘二十四史’、《资治通鉴》和今人的一些学术研究著作，为继承和弘扬我们国家的传统文化做了许多重要的工作。

希望你们继续做好这一工作。你让我题的词已写好，不知合不合适。”说完，他从茶几上拿起一个大信封交给我。我忙拿着打开一看，几行端庄、遒劲的大字映入眼帘：“整理出版古籍，继承和发扬中华民族优秀文化传统。”望着题字，我肃然起敬，它不仅表达了楚老对中华书局工作的肯定，还饱含着他老人家对我们的期望和要求。我感激地再三向他道谢，他却说：“真正的文化事业，应该得到更多的人的关怀和支持。”

1987 年 3 月，中华书局在北京饭店举行了庆祝成立七十五周年的大会。会前，我将请柬送到楚老手上，希望他能出席。但那时他毕竟已是八十九岁高龄的老人了，又是全国人大常委会副委员长，公务繁忙，怕抽不出时间。楚老看到请柬却高兴地说：“中华书局的会，我争取去。”

到了开会的那一天，楚老果然提前来到了会场。他看上去精神矍铄、和蔼慈祥。楚老先是饶有兴趣地观看了会场上展出的中华书局出版的一些图书，后又同书局的主要领导亲切交谈，对中华书局的工作给予肯定和鼓励。直到大会结束，他才起身离去。

此后，我同楚老的接触多起来了。

1990 年，《书品》创刊五周年，中华书局准备举办一个座谈会。五年中，楚老对这个小刊物倍加关怀和爱护，他多次同我讲读了《书品》的体会和感受。有一次，他告诉我为什么爱读《书品》：一是《书品》专门发表评介中华书局新出版的重点图书的文章，为他购书提供了参考和方便；二是给《书品》写文章的多是一些老先生，他同其中的一些人很熟，读他们的文章，可以勾起对一些老友和往事的回忆，很亲切；三是《书品》的文章篇幅短，刊物开本小，分量轻，很适合老人读。“过去想读书，没有时间；现在有时间，却没有精力和体力了。太大的书，举不动了。”看到他老人家对《书品》如此厚爱，我便请他为杂志创刊五周年写几个字。他欣然应允。没过几天，楚老便让小孟把写好的字送到中华书局。他的题词是“弘扬中国文化，提高人民素质”十二个字，并特意注明“书品创刊五周年”。楚老对《书品》的关怀、爱护、肯定和期望之情，洋溢于字里行间。

关于传统文化与人的素质问题，记得楚老曾同我讲过：“现在我们国家正在改革开放，搞经济建设。经济建设离不开文化建设，我们的文化建设离不开我们国家的传统文化。这是我们的前人给我们留下的宝贵文化遗产，我们应该学习、研究和继承、发扬它。当前经商、下海是热门话题，许多青年人热衷于此，对传统文化没有兴趣，甚至在校的一些文科大学生也不爱读古书了。这样下去怎么行呢？中国的传统文化中的一个重要内容是教人怎样做人，礼义廉耻是做人的起码准则。可现在呢，一切向“钱”看，其他什么都可以不学不管。结果是人的素质下降了，社会上能不出问题吗？不提高人的素质又怎么能搞好经济建设呢？中华书局是我们国家整理、出版古籍的专业出版社，我们前人留下的许多宝贵的文化遗产需要通过你们传给后人，你们肩上的担子不轻啊！要为提高人的素质尽一份力啊！”我想，这就是这位可敬的耄耋老人心里常常思考而放心不下的大事啊！

楚老对中华书局的关心，实际上反映了他对中华民族优秀传统文化的重视，对我们国家文化建设事业的重视。这一点可以从他老人家在 1992 年为祝贺中华书局成立八十周年而写的题词中清楚地看出来："华夏文运，源远流长；德音普被，协和万邦。"我想我们不会辜负他老人家对我们的殷切期望的。

今天是楚老逝世周年的忌日，谨以这篇小文寄托我对他的深深的怀念。

1995 年 4 月 11 日

“老不废书”
——楚图南先生印象小记

1986年，由杨伯峻先生介绍，我有幸拜见楚老并渐渐有了较多的机会亲承謦欬。楚老爱读书，因为我在中华书局工作，他又特别喜欢中华版的书，有时便会托我帮他买书，买好后我就抽空给他送去。这样，见到他老人家的机会也就多起来了，每次还能聆听他的教诲。随着受教次数的增加，反倒忘记了他是原全国人大常委会副委员长，只感到他同大多数老先生一样，是一位学识渊博、贯通中西又和蔼可亲的学者。

作者看望楚老

听楚老谈话，不只是荣幸，更重要的是受教育和鼓舞。他爱书，不仅读书，还写书、译书。因此，他的谈话总是围绕着书展开的。每次去看望他，一走进客厅，我总是看到他坐在那里读书。虽然楚老今年已是九十三岁高龄了，但“老不废书”。他端坐在一张小沙发上，鼻子上架着一副老花镜，一手举着一本书，一手拿着一柄放大镜，两镜叠加，专心致志、聚精会神地读着。这情景给我留下了深刻的印象，更让我深受感动。楚老的这间客厅不大，布置得也很朴实，除了一套沙发和一大一小两个茶几外，便没有什么多余的东西了。小茶几上堆放着一摞摞的书，小沙发背后的墙上挂着两三幅名人字画，整个客厅是既古朴、典雅，又飘逸着书墨的清香。他看书时总是坐在靠近门的那张小沙发上。我知道他很忙，每次去都怕占用他的时间。但他很客气，也很健谈。有时一谈就是一个小时。由于话题都同书有关，当然也就由书引出一些人和事了。

楚老知道我在中华书局工作，总会夸赞那是个很了不起的地方。说完他总还要提到两个人，一个是齐燕铭，一个是金灿然。他说：“我和齐燕铭同志共过事，这个人正直而又有学问。他熟悉古籍，又很有领导才干。在他主持古籍整理出版规划小组期间，为规划整理出版古籍和培养古籍整理专业人才做了很多工作。金灿然是齐燕铭的好朋友，不但熟悉古籍，而且也很有组织才干，在他出任中华书局领导后，注重抓编辑队伍的培养和建设。他先后从高校和其他单位为中华书局调入了一批很有才能却不为当时所用的人才，王国维的次子王仲闻先生就是其中的一个。这个人很有学问，精通宋代的文学和历史，却一直无人赏识。最初他在邮局里工作，后来不让他干了，退居家中，生计无着。金灿然知道后便千方百计把他借调到中华书局，让他担任《全宋词》的责编。为此，王仲闻先生倾注了全部的心血，做了大量的工作，使书稿的质量有所提高。此外，在'文革'期间，中华书局在周总理的关怀和支持下，整理点校'二十四史'的工作得以继续进行，书局先后调集了各地的一些著名的历史学家和学者从事这项工作，这实际上是把他们从运动中保护了起来。这样做，是需要相当的魄力和胆识的啊！"说完这些话，他还总要关切地询问中华书局现在的情况，并勉励我："你还年轻，要多做一些工作。"

这些年我在中华书局主要负责编辑《书品》杂志，这本杂志是专门评介中华版图书的。1986年创刊后我曾送请楚老审阅。第二年他提出让我代他订阅，同时还提出要订《读书》杂志。他说："通过《书品》可以了解古籍整理、出版的一些情况；通过《读书》可以了解国内外的一些新的学术思潮和动态。"由此可见他对我国传统文化和西方先进文化的重视。他对《书品》确实很爱护很关心，不仅每期都读，而且读得很认真很仔细，几乎我们每次谈话，他都会提到它。一次我去拜见他，见他正在聚精会神地读《书品》，看到我后，他一边放下手中的放大镜，一边对我说："《书品》我每期都看，因为你们办得很好，我很爱读。虽然只这么薄薄的一本，文章不多，篇幅也不长，却都言之有物。特别是由作者和编者本人写的文章，很有启发性。不仅我们老年人爱读，就是年轻人也应该好好读一读。如杨伯峻先生写的那篇《我和〈左传〉》，我已读过两遍了。他和我沾亲，我们很熟悉。他的这篇文章具体、生动地介绍了他研治《左传》的前后经历，年轻人读了它，可以从中了解老一辈学者是怎样做学问的。这可是十分宝贵的经验之谈啊。"稍微停顿了一下，他又接着说道："周祖谟先生写的那篇《我和〈广韵〉》也很值得一读。他为了校订出一个好的《广韵》本子，先是搜集了那么多的版本，然后进行了大量的校勘和订正工作，才终于整理出现在这个本子。这中间包含着校订者多少辛勤的劳动啊！真是不读不知道啊。此外，罗继祖先生写的那篇回忆祖父罗振玉老先生的《〈三代吉金文存〉简介》也颇值得一读。《书品》给我提供了很多的知识和信息，读完后很有收获。特别是它的文章篇幅短、开本小很适合我读。人老了，大的书举不动了。”听楚老这么一说，我望着他那满头白发，连忙劝道：“您年纪大了，读书时间不宜太长，要注意休息。”“我年轻时爱读书，后来因为忙于工作而学殖荒废了。我现在总算又有些空闲时间了，可以用来好好补习补习了。你送我的那本《分甘余话》很有意思，王渔洋在序言中不是说过要‘犹不废书’吗？他那时不过才七十多岁，我现在虽然已九十多岁了，也要做到‘老不废书’。”

听了他的话，我很受感动。他老人家说自己“学殖荒废”，这是谦虚。他早年在云南大学做过教授，后来投身革命，1949年后长期负责文化战线和对外文化交流等方面的工作。他不仅撰文著书，还因精通英语，先后翻译了一批外文著作。仅我所知道的就有《地理学发达史》《希腊的神话故事和传说》《在俄罗斯谁能快乐而自由》《草叶集》以及尼采的《查拉斯图拉如是说》《看啊，这人》。后面的两部书是他被国民党关在监狱里，阅读狱外的同志送进来的英文书籍时于狱中翻译的。谈到尼采，楚老对我说：“对尼采这个人也应一分为二。他提出的‘超人’的理论，后来被希特勒利用发展为‘德意志至上’，这并不能怪罪于他。我之所以翻译他的著述，是为了让我国人民了解他的哲学思想中的一些合理的成分。”

最近还听说，楚老的文集也已基本编好了，约二百万字。这些都充分说明了他并非“学殖荒废”，而是研究有素，硕果累累。他老人家说的那句“我也要像王渔洋那样，做到‘老不废书’”，最使我感动不已。他今年已九十三岁高龄了，本可以静心休养，安享晚年了，但他却要“老不废书”，并先后多次托我买书，孜孜不倦，认真研读。这种精神和境界足以激励我们这些年轻人努力学习，奋发向上，把宝贵的时光和美好的年华全部奉献给人类的文化事业。面对他老人家，我常常感到惭愧，且又备受鼓舞和鞭策。

楚老和我谈话，话题多由《书品》引出，但不一定仅限于此，有时便会慢慢地谈开去，谈到人，谈到书，谈到事。一次他对我说：“给《书品》写文章的人多是一些学有专长的专家和学者，其中有不少是老一辈的学者。他们当中，有些人我认识，而且还有往来。张岱年先生进城时就来看望过我。最近出版的《张岱年文集》中有我写的一篇序，是他约我写的。张先生是著名的哲学家，他对孔子的思想很有研究。”听楚老说到张先生，我插话道：“我最近正准备去拜访他呢，想请他为《书品》撰文，介绍新出版的《王廷相集》。”楚老听后说：“你见到张先生，代我问候。”这之后，他还请我问候过容肇祖先生，说他们原来在云南时就认识。他对我说过：“你认识这些老先生，请他们写文章，把学术财富流传下去，这很有意义。你的工作很重要。他们这些人都是我们的国宝啊！应当注意发挥他们的作用。过去很长一段时间，我们国家对他们不够重视，没能给他们创造、提供一定的生活、学习和工作的环境，特别是“文革”期间，许多老先生受到了极不公正的对待，有些人被迫害致死。这损失有多大啊！而且是无法弥补的。陈寅恪先生就是其中的一个。”

说到陈寅恪先生，楚老很有些感慨：“陈先生是一位学贯中西的大学者，他不仅精通多门外语，而且对我国一些少数民族的语言也很有研究，是一位不可多得的人才。建国初期他身在广州，周总理知道后，委托我和齐燕铭同志和他联系，请他来京。为此我曾去拜访过他，转达了总理的意思。但他没有答应，认为北京当时的政治气氛不利于学术研究，我记得他当时同我讲了‘一犬吠影，众犬吠声’八个字，坚持留在广州中山大学教书。尽管如此，‘文革’中他还是在劫难逃，受到残酷的迫害，先是双目失明，后来含冤去世。如果我们能公正地对待他，他不仅不会去世，而且还会为推动学术研究、弘扬祖国的传统文化作出更大的贡献。对于他的死，我们是有责任的。”说这话时，楚老的脸色是异常严肃和沉痛的。“记得在 1980 年，我参加了纪念陈垣先生诞辰一百周年的大会，会上我还发了言。会后负责筹备大会的同志让我将发言整理成文交他们发表。在文中我特别提到了这件事。我举出了三个人，一个是王国维，一个是冯承钧，再一个就是陈寅恪。当然，王国维先生死得比较早了，而后两位先生的死，我们是有责任的。等到文章发表出来时，这段话被删掉了。其实，我讲这些，正是为了实事求是地对待那段历史。像陈寅恪这样的大学者，今天的许多年轻人根本不知道，而许多外国的学者却对他的学术成就和业绩十分重视，并专门加以研究和利用。我们是太不应该了。当然了，现在对待专家和学者比起过去是好多了，比较重视了。钱锺书先生就是这样一位大学者。你认识他吗?”我回答：“给钱先生送过几次书，见过几面。”“这个人也很了不起，同我前面讲的陈寅恪先生一样，也是一位学贯中西有世界影响的大学者。他不仅有深厚的国学根底，而且又熟悉西学，精通多门外语。他的大作，就是你们中华出版的《管锥编》和《谈艺录》，真可谓是扛鼎之作。另外，上次你带给我的《宋诗选注》，我已读过了。选注宋诗的本子以前我也看过一些，但钱先生的这个选本与众不同。主要表现为两点：一个是选诗的标准，一个是注释的内容。特别是他写的那篇前言，虽然只有一万多字，但实际上是一部高度概括和浓缩了的宋诗发展史。其中不仅举出了历来对宋诗的看法和评价，而且也谈出了他自己的看法。这样扎实的学问和严谨的学风不能不让人佩服。”我接过他的话说：“钱先生学识渊博，他不仅阅读了大量的中外典籍，而且博闻强记，过目不忘。所以，他在著述中旁征博引，信手拈来，皆有可观。后人要做到像他那样博览群书而又博闻强记是很难的了。”楚老听后却说：“博览群书而又博闻强记的人还是有的，也是可以学得的，但并不是说能做到这一点的人就能像钱先生那样写出高质量的论著，提出有独到见地的观点，能一下子认识到事物的本质。原因是什么呢?我看不同正在于钱先生所独具的聪明睿智。这一点恐怕就不那么好学了。”楚老的这一评价可谓是慧眼独具，切中肯綮，正反映出他对学者的尊重和爱戴，更映衬出他那谦虚、博大的胸怀。

每次拜访楚老和聆听他的谈话，我总感到特别亲切，也特别受教育。楚老已是九十三岁高龄的老人了，却说要“老不废书”，而且还真的这样践行了。一副老花镜，再加上一柄放大镜，两镜叠加，孜孜矻矻，认真读书。这情景总会不时地浮现在我的眼前，时时给我以激励。

怀念匡老

匡亚明老离开我们快二十年了，这期间我经常会想起他老人家，想起在国务院古籍整理出版规划小组办公室工作的那段时光。

匡老是1991年经国务院任命接替去世的李一氓老为国务院古籍整理出版规划小组组长的，那一年他已是八十五岁高龄了。按理说，他这么大的年纪，又长期居住、工作在南京，完全可以萧规曹随，发一点书面指示、打打电话就是了。但匡老不是这样的。那个时候我还在中华书局总编室负责编辑《书品》杂志，因为中华书局是古籍小组的办事机构，负责小组的日常工作，所以匡老

一上任，我们就明显地感觉到了小组工作的变化。不是小变化，而是大变化。首先是匡老亲临北京，坐镇中华书局，制订小组今后的工作规划。我记得办的第一件大事就是于1992年在香山饭店召开的“第三次全国古籍整理出版规划会议”，全国各地的从事传统文化教学和研究的著名的专家学者齐聚北京，共同商议和制订今后十年的古籍整理出版规划，堪称是一件意义重大、影响深远的文化盛事。当时像我这样的中华书局的年轻工作人员全部到会，负责接待服务工作。我就是在那次大会上第一次见到匡老的。他老人家精神矍铄，意气风发，干劲十足，一点也不像八十多岁的老人，给我留下了非常深刻的印象。

自那以后，我们又看到了小组的一些新变化。首先是新任命了中华书局的总编辑傅璇琮先生为古籍小组的秘书长，改组了古籍小组办公室，许逸民先生为办公室主任。接下来又听说匡老要办一系列大事，例如一是要出版《中国思想家评传丛书》，计划编辑出版二百册。这本身就是一个大工程。后来我们才从匡老那里知道，早在延安时，毛泽东主席曾同他说过：从孔夫子到孙中山，我们都应该加以继承和整理。所以他提出要编辑出版这套丛书，就是为了落实这一指示的。二是要搞全国的《古籍总目提要》，比以往出版的收录要全。三是要创办小组的机关刊物——《传统文化与现代化》，而且指定要在1993年年初创刊。这几件事，件件是大事，是大工程。正是为了按时创办《传统文化与现代化》，我于1992年下半年调入古籍小组办公室，投入了紧张的创刊工作。也就是从这一刻开始，我同匡老的接触多了起来，对他老人家的认识也不断深入了。

《传统文化与现代化》杂志书影

首先，他是一位事必躬亲、考虑周到又敢于担当的老革命。

他提出要创办古籍小组的机关刊物，不是一时的心血来潮，而是他深入思考的结果。比如说刊物的名称他已早就定好了，叫《传统文化与现代化》。为什么要定这样一个刊名呢？他说，我们今天从事的古籍整理工作如何为我们国家的现代化建设服务，这是时代提出的一个大问题。我们对此要加以研究。这其实就是我们办刊的宗旨。他提议刊物的英文译名由钱锺书先生翻译，主编由张岱年先生担任，他自己只做顾问。他还交代说：“日常的编辑工作完全由你们处理，遇到什么难事可以告诉我，我来解决。”后来在编辑工作中遇到一些重要而又敏感的问题，我们拿不准请示他时，他都会当机立断，给出明确的意见。

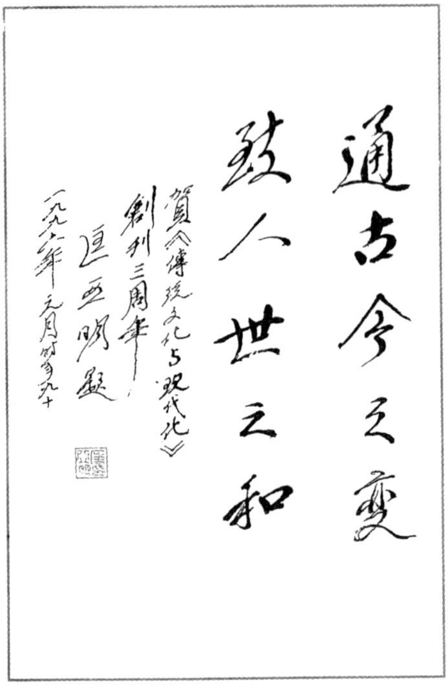

杂志创刊一年后，他亲自在南京大学组织座谈会，邀请文史哲各界学者出席，由他主持，认真听取大家的意见。这为进一步办好刊物打下了坚实的基础。他对刊物的编辑工作十分重视，每年要求我们两次赴南京汇报工作。在他的帮助和支持下，这份杂志取得了很大的成绩，团结了一大批著名的专家、学者，许多文章在当时产生了巨大的影响。例如季羡林先生的《“天人合一”新解》一文，曾引发一大批学者对这一命题开展深入的讨论。至今有些学者见到我还会提到这一杂志。

其次，他是一个亲力亲为、雷厉风行的老领导。

他提出要编辑、出版《中国思想家评传丛书》二百册，这可是一个创举，一个大工程。如何才能组织、编辑、出版好这样一大套丛书呢？仅从组建作者队伍来说，就算你找到了二百位作者，但怎么写呢？这确实是个问题，不是订出几条要求就能解决的。为了给大家提供一个样本，他在耄耋之年身体力行，率先垂范，写出了丛书的第一部——《孔子评传》，为其他作者提供了足资学习、参考的榜样，为全套丛书的组稿和写作打下了坚实的基础。当然，编辑和出版环节也是不能有一点闪失的，有一些重要的书稿还要经他亲自审阅，达不到要求的，他绝不将就，而是换新作者。另一方面，他又要保证出书资金及时到位，督促出版社保证出书进度。在他的亲力亲为和雷厉风行的领导下，1996 年这套丛书的前五十册如期出版，当年在北京的人民大会堂举行了新书发布会。匡老亲自出席大会，他十分兴奋，却也能看出他非常疲惫。就在这一年的年底，匡老去世了。不过可以告慰他老人家的是，在他身后，二百册的《中国思想家评传丛书》终于全部出齐，他可以含笑九泉了。

再次，他是一个和蔼可亲、全身心投入事业的老人。

匡老晚年还写下了记述自己一生参加革命经历的大作——《求索集》。因为这本书由人民出版社出版，他远在南京，领导决定由我作为作者和出版社之间的联系人，也就是说，两方面有什么想法和意见都由我负责转达。因此，在那一段时间里我同匡老接触最多，主要是通过电话汇报和接受他的指示。人老了，觉就少了，他每天五点多就起床了，所以那段时间我家的电话经常不到六点就响了。第一次，他告诉我已睡不着了，有些稿子中的问题要同我谈谈。尽管我是被电话铃声惊醒的，实际上还很困，但也只能打起精神听他老人家的指示。谈完了正事，他也会关切地说："你再去睡一会吧。"其实此时我已经睡意全无了。经历过几次后，我也就习惯了。后来听吴新雷先生说，匡老经常是清晨五点多就给他打电话谈工作了。一个快九十岁高龄的老人，还一心扑在工作上，这对我们来说，是一个鞭策和激励。《求索集》出版后，我就没有在清晨接到匡老的电话了。有时候，我也会睡不着，真希望能再听到他老人家对我的教诲。

其实，匡老是因劳累过度去世的，我一直这样认为。这次去他的老家丹阳参加纪念匡亚明诞辰一百一十周年大会，见到他的秘书朱维宁兄，他同我的看法是一致的。本来他出任古籍小组组长后，不做那么多的事，而是颐养天年，他一定能多活不少年。但他却提出了那么多的工作，又都是亲力亲为、雷厉风行，结果就死在了小组的工作岗位上。但他给后人留下的业绩是十分辉煌的。匡老他那生命不息、奋斗不止、老而弥坚的工作精神，将激励着我们前进。

我们永远怀念他。

2016 年 5 月 1 日深夜

季老与新世界出版社

新世界出版社成立六十年了，在这样一个值得庆祝的日子里，我想起了季羡林先生对出版社的帮助和支持。

2000年我调入新世界出版社。由于此前我一直在中华书局和国家古籍整理出版规划小组从事编辑出版工作，同学术界特别是一些老先生有比较多的联系。加之我那时刚忙完编辑出版带有“抢救”文化遗产性质的《学林春秋》与《学林往事》这两部成于众多学者之手的大书，现在进入了一个新的出版环境，虽然“抢救”的理念还扎根于我的头脑之中，但我想将过去那种一人一篇组织文章，然后再编辑成书的做法，换成直接组织一人一本的书出版。我把这一想法同当时的周奎杰总编辑谈了，她十分赞成，问我有没有合适的作者，我自然又想到了季先生。于是，我们俩一起去拜访了他老人家。他听了我们的想法后，居然也十分赞成，并答应将2000年全年所写的文章，除了《龟兹焉耆佛教史》一文外，交由新世界出版社编辑出版。那时候希望给先生出书的出版社多着呢，可他还是先满足了我们的要求。为了不辜负先生的美意，也为了向先生的九十华诞献礼，几经努力，我们以最快的速度和较好的质量将他的这部自选集《千禧文存》出版了。记得出版前先生当时让我给他的这部书起个书名，考虑到先生的文章全部写于2000年，所以告诉他起了这样一个名字。先生听后认为很好，竟同意了。他老人家拿到样书后很高兴，认为是出得又快又好。我们则从这部书的顺利出版得到了两点启示：既然先生的这本书一炮打响，我们干脆多组织一些老先生的书稿，陆续推出。既然是陆续推出，不如编一套丛书，即以先生的《千禧文存》为滥觞，将老先生们的书稿都放到其中，这样影响会大些。带着这一想法，我先后拜访了钟敬文、张岱年、侯仁之、周一良、何兹全、任继愈、王钟翰、金开诚、周有光、吴宗济、吴小如、来新夏等老先生，在征得他们的同意和支持后，最终确定采用《名家心语丛书》的名字。做好了这些工作，我又去看望了季先生，把上面这些情况一一汇报之后，提出希望他老人家能为这套丛书写一篇总序。他为自己能带这样一个好头，让老朋友们都能出书而感到特别的高兴，当然也就爽快地答应了。我又趁机提出，希望他能将2001年所写的文章结集由我们继续出版。先生也答应了。其后他为丛书写的总序交来了，第一辑、第二辑丛书的十部著作也陆续出版了。接着季老将2001年所写的文章结集为《新纪元文存》交给了我，这本书于2002年6月顺利出版了。从这以后，先生允诺将自己以后的文集都交新世界出版社出版。但从2001年下半年开始，先生的健康出现了一些问题，此后陆陆续续住了好几次医院，影响了先生的正常写作。但他仍然按照先前的允诺，在2003年将此前撰写的文章结集交新世界出版社出版。我将这些文章编好排印出来后，发现薄了些，先生说等他再写一些文章补进去后再出版。可谁知，此后他的病情加重了，住进了301医院，一直没能出院。出书一事就这样搁置下来了，但由此又引出了下面的故事。

先生虽然人住进了医院，身体有这样或那样的毛病，但思想却还是很活跃，一辈子舞文弄墨惯了，即使在医院里，除了接受医生的治疗外，还是坚持笔耕不辍。这样，一直到了2006年10

月，先生将先前那部分文章加上新写的一共九十多篇结为一集，定名为《病榻杂记》，准备出版。此时，我因工作需要，已调至香港的一家出版社工作。而内地关心、惦记出版先生书稿的人真是太多了，这其中不仅有大社、名社，而且还都开出了特别优惠的条件，据报纸披露，竟有近五十家出版社在竞争这部书稿。面对这样一种状况，我远在香港，特别是我不可能给先生提供什么优惠的条件，心里真是一点把握也没有。当然，即使如此，我也不愿放弃。我从香港给先生的助手李老师打电话了解情况，结果却让我异常感动。她告诉我，先生对所有前来求稿的人说："谢谢你们的好意！我已经答应张世林了。君子一诺！"就这样，我不仅拿到了这部大作，而且先生还把简、繁两种文本的版权同时授给了我。这就是季先生！他把友情和诺言看得比什么都重！为了不辜负先生的厚爱，我只用了两个多月的时间，几乎同时在香港的和平图书有限公司和北京的新世界出版社出版了繁、简两种文本。当我把样书送到他老人家的面前时，他拿起书仔细地看过后，高兴地对我说："书出得是又快又好，交给你我就放心了。"听到先生这样的评价，我真是比得到什么奖励都值得。一高兴我问道："您说的'君子一诺'，是管一时还是管一世？"他肯定地说："管一世！"这之后新世界出版社又为先生出版了《季羡林序跋集》。

每当回想起这些，我认为新世界出版社是幸运的，先生能把他的著作交由我们出版，是对我们工作的最大鼓励和支持。现在先生虽然走了，但他的精神和业绩是永存的，他的弟子们继承了先生的衣钵，精心编辑了《季羡林学术著作选集》，以发扬、光大先生的学术精神，并决定遵从他老人家的嘱托，继续将这套丛书的出版工作交由新世界出版社负责。这是对我们的极大信任和支持。我们一定不会辜负先生和他的弟子们的期望，再接再厉，争取在今后的出版工作中取得更大的成绩。

漫画退伍兵

——华君武先生采访小记

华君武先生的新作《漫画一生》已于最近由新世界出版社正式出版了。作为该书的责任编辑，我在编辑的过程中同华老有过多次的接触。起初，只是就书中的一些人物、事件、观点和背景向他咨询，后来话题就越来越宽了。他不仅回答了我提的问题，还谈到了自己在漫画创作中的经验和教训，特别是就漫画与政治、漫画与生活、漫画与幽默、漫画与报纸及漫画界的现状、文艺界的现状、老年社会的问题等阐述了自己的观点，提出了一些积极

作者采访华老

的建议。华老虽然今年已是九十高龄了，但身体健康，思维活跃，谈吐幽默，爱憎分明。我想应该把我的采访发表出来，这不仅有助于广大读者了解其人其书，更重要的是还能够激励全国的漫画工作者，从中吸取营养和教训，在新的时代，为繁荣漫画创作，使之更好地反映时代和生活而奋起努力。

下面是我采访华老的记录。

问：您能谈谈学习漫画的经历吗?

答：我是上初中时开始喜欢漫画的。那时上图画课，一画静物，我就很狼狈，总也画不像。我喜欢用比较随意的、写意的手法画画。我开始画的第一张漫画是在初中一年级时，大概是在1928年。我画的是一群学生在打防疫针，故意做鬼脸装出很疼的样子。没想到这幅画居然被学校校刊看中发表了。这是我发表的第一张漫画，距今已七十七年了。后来我就更加喜欢漫画了。那时漫画界风行一种用漫画表现古诗词的画法，我学了一首题目叫《江南》的汉乐府诗，第一句是“江南可采莲，荷叶何田田”。我就画了一片大大圆圆的荷叶，当中画了个十字，像个“田”字，画中有一个人正在采莲。这幅画被《浙江日报》登出来了，还领到一块钱的稿费。这是我第一张刊登在正式报纸上的漫画，时间大概是在1930年。从此以后，我就开始拼命地画漫画，先后寄给报馆有二百张，可一张也没登出来。因为画漫画是要懂得一点社会和人生的。我那时一个小小的中学生，能懂多少呢?但我一直坚持下来了。

问：听说您1938年就去了延安，参加了革命。您能谈谈您在革命战争年代从事漫画创作的一些体会吗?

答：我因仇恨日本帝国主义的侵略和不满国民党的统治而由上海去延安的。在上海时，我主要生活在学生和知识分子的小圈子里。而到了延安，那里是一个农民的社会，工人和知识分子都很少。农民没有看过漫画，对我们学外国人的手法画的漫画看不懂。当时我们办了个墙报，老百姓看年画津津有味，可一看到我的漫画却扭头就走。我在延安期间就时常碰到这些问题。

1942 年 5 月，我参加了延安文艺座谈会，听了毛主席的《讲话》，经过不断的体会和琢磨，对照自己的创作实际，渐渐地有所感悟。毛主席在《新民主主义论》里讲到中国的文化，是民族的、科学的、民主的、大众的。而大众化和民族化正是我漫画创作中所缺少的，所以人民群众看不懂。怎样才能使我的漫画民族化和大众化呢？这成了我后来漫画创作中毕生追求的一个目标。怎么做才能实现这一目标呢？首先要从语言上入手。因为老百姓的语言和我们知识分子的语言是不一样的。小说《新儿女英雄传》之所以在当时受到广大群众的喜爱，同作者在书中大量运用群众口头语言有关。因此，从那个时候起，我就开始注意学习和运用老百姓的语言，并以此来指导我的漫画创作。在这方面，比较成功的作品是《磨好刀再杀》，主人公蒋介石头贴膏药的形象是我创造的。老百姓一看就懂。

另外，我还画过一张题目叫《1939 年所植的树》的漫画，讽刺当时只种树不养树，结果树被驴和马啃光了的现象。毛主席看过后对我说："植树不好可以批评，但是讽刺不能滥用，而应该写明具体的地点。要区别这是局部的还是全局的，是个别

1939 年所植的树　　华君武

的还是一般的。”许多年来我总是想到他的这两个区别来画漫画的，以减少片面性。

问：新中国成立后，您认为漫画的职能有什么变化吗？

答：革命胜利前，漫画主要是配合对敌斗争的需要，具体讲我那时主要画国际时事的漫画，按照社论定的调子画，不能走样。革命成功后，社会制度发生了根本的变化，漫画还有没有作用？我认为所有制改变了，但人的思想还没有彻底改变，一些封建、落后思想的残余还存在于人们的头脑中，甚至还会兴风作浪。因此，我认为对我们内部的不良思想和行为也应当讽刺。我从 1959 年开始为《光明日报》的“东风”副刊画过几年的所谓“内部讽刺画”，主要揭露的是思想认识和人性上的一些问题。如《疲劳过度症》和《杜甫检讨》两幅画。前者讽刺的是“大跃进”时期艺术表现形式上的公式化现象；后者批评的是苛求古人的唯心主义观点。据说周总理看了后一幅画哈哈大笑，而有些人非但不笑，还在“文革”中把它当作“大毒草”对我进行批判。

杜甫檢討　华君武

《永不走路，永不摔跤》这幅画是讽刺有的人怕犯错误，怕挨批评，宁可少做事或不做事。在 1962 年 8 月党的会议上，这幅画被作为大会文件的附件印发给与会的代表，毛主席还在上面批了八个字：“有了错误，改了就好。”但“文革”运动一开始，我首当其冲，被和周扬、邓拓联系在一起，批了好长的时间，《光明日报》“东风”副刊还发了整版的批判文章。

永不走路，永不摔跤　　　　华君武

问：您认为漫画和政治是怎样一种关系？

答：中国的漫画就是要为政治服务。但中国的政治往往多变，漫画家也就容易犯错误。1957 年“反右”运动后，我为了配合形势，画了一幅《尤抱琵琶半遮面》的漫画，极大地伤害了浦熙修同志。后来我主动写信给她的家人，向她致歉。你们会说那是时代造成的。但为什么别人没画我却画了呢？这不是推波助澜、落井下石吗？据说康生看到了这幅画，叫他的老婆曹轶欧带话给我说：画得好；而邓小平也看到了这幅画，却叫人对我说：不要再画这种画了。

问：那您认为中国的漫画为什么不能画中国的领导人呢？

答：漫画在国外是可以画领袖的，但在中国最初只是用来画坏人的，比如画孙传芳、袁世凯、蒋介石是可以的。而对于我们自己，只能画出了问题的领导，如林彪出事了，我们才能画他。这点，在中国已经成了习惯，好人不能画，只能画坏人。因为漫画有较强的讽刺作用，连一般人都接受不了，更何况领导人了。过去就发生过被画者到画家家里去闹的事情。

问：您认为中国漫画界的现状如何？

答：堪忧！近年来漫画队伍严重滑坡，除了过去已成名的那几个漫画家外，北京这么多年就没有培养出什么人。天津和山东等地还是出了几个人的。去年有关方面在全国十个地方搞画展和评奖活动，结果是其他画种都得了奖，就是漫画没得奖。不是什么别的原因，只是没有好作品，思想性、艺术性、生活性都不够。为什么会出现这种状况呢？从客观上说是领导不重视，特别是报界领导不重视，很多报纸现在根本就不登漫画。而漫画和报纸的关系又是极为密切的。可以说，没有报纸，就没有我们这批漫画人。过去我们党很重视漫画工作，报界的领导也很重视。我自己就在《东北日报》和《人民日报》负责过这方面的工作，除了我自己画，还经常组织外面的人给报纸画。穆欣同志主持《光明日报》时，就曾亲自约我为他们画漫画。现在的领导呢，不但自己不重视，许多报纸还改了版，去追求经济效益，根本就不登漫画了。这是客观事实。

从主观上讲，中国的漫画本来就先天不足，没有几人是从学校里培养出来的，大都没有接受过正规的训练，多是一看你画，他也跟着画，模仿别人，少有创造性。画漫画看上去很容易，寥寥几笔，篇幅又不大。但真正要画好，就不那么容易了。因为漫画的题材必须选用高度凝练化了的生活画面，不仅要求有一定的思想性、政治性，还要有较高的艺术性和生活性，同时还要有一定的幽默感。不能看到什么就画什么；也不能人家怎么讲，你就怎么画。应该是钻进生活中去，又能够悟出来，站在一定的高度，通过艺术加工，才能画好。而幽默感又不是每个人天生就有的，也不是后天都能学会的，更不是在画上题上“幽默”两字就幽默了的。

问：说到幽默，我打断您一下。我认为您多年以前画的那张漫画《决心》就很感人，至今还深深地印在读者的记忆里。

答：其实那张画是借戒烟一事来讽刺人性中没有恒心，即“五分钟热度”那样一种弱点，其中就有我自己的影子。

接着上面的话题，针对当前漫画界十分不景气的状况，我希望有关领导，特别是报界的领导，能够重视和关心一下，给漫画工作者提供一些版面，让他们有机会来展示自己的作品。当然了，漫画工作者更应该不断提高自己的艺术修养，注重创造性，用自己的眼睛去观察生活和提炼生活，把自己最好的作品奉献给人民大众。

这就是我这个“漫画退伍兵”的一点希望。

2005 年 3 月 6 日

养天地正气　法古今完人

——记李慎之先生交办而没办成的一件事

惊闻李慎之先生病逝，我感到很难过，也很惭愧，因为李先生曾交办的一件事我没有办成。

那还是我在国家古籍整理出版规划小组负责编辑《传统文化与现代化》杂志的时候。这本杂志的封二每期都要刊登一位名家的题词。1994 年第三期上刊出的是著名学者张政烺先生的题词“发皇古义，融汇新知”。张先生是用篆文写的，字古朴、典雅，因为在学术界谁都知道，张先生可是古文字学研究领域里的权威啊！

张政烺先生给《传统文化与现代化》杂志的题词

过了一段时间，

李慎之先生给我打电话，说他看到了张先生的字，认为写得好。接着便托我方便的时候也请张先生给他写一幅字，内容已想好，就写十个字：养天地正气，法古今完人。又说：“落款最好不要写‘同志’两字，那样一写，便毫无传统的味道了。”李先生之托，我焉能不办。可我转念一想，真也怪了！李先生和张先生就住在同一座楼里，两个单元门挨着，又同为社科院的同事，何必舍近而求远呢？我心里虽这么想，但还是抓紧时间去看望了张先生，把李先生求字一事对他讲了。张先生听后真应允了，说我试试吧。我连忙把要写的十个字写在一张纸上交给了师母。我顺便问师母：“张先生和李先生熟吗？”“不太熟。有时一早起来在院子里散步，两人碰了面，李先生总要向张先生问候，张先生也只是还礼，过后还要小声问我这人是谁？他俩虽同在社科院工作，但李先生是副院长，而张先生只去所里，从不去院里。不过，我和李先生还比较熟些，他老伴和我是燕大的同学，我们常见面。”听师母这么一讲，我明白了些，忙请师母从旁催催。师母说：“我会帮你催的，只是张先生近来身体明显不好，医生说是小脑萎缩，手脚无力，写字发颤。但他既然答应你了，就一定会写的。”听后我忙称谢告辞了。

出了门我便去了隔壁李先生家，把张先生应允一事告诉了他，并说：“为了保险起见，您抽空儿还是去看看张先生。”李先生听后说会去的。

过了些日子，我又去看望张先生，师母告诉我：“你上次走后的第二天，李先生就来家看望张先生了。李先生没来过我家，所以一进门见到张先生后，便赶忙自报家门，说我叫李慎之。我们两人便将他让进客厅。坐下后，李先生便同张先生聊起来了，从对中国传统文化的看法到个人的一些经历。只是李先生讲得多，我从旁偶尔接几句，张先生则只是听，他耳朵不好，还往李先生身边挪了挪椅子，听得很认真。李先生很会讲，口若悬河，引人入胜。这时又有人来访，一看是找我的，我便让张先生陪李先生，自己和客人去了另一间房子。之后，我只听到那边房里李先生一个人的谈话声。等我送走客人后，李先生才拿出一张宣纸，谈到想请张先生写字一事。送走了李先生后，张先生问我：'刚才同我聊天的那位是谁啊？你的客人你不陪，丢下又去陪别人。我只好多陪他坐会儿了。'"谈到这里师母对我说："你瞧，张先生就是这样一个人。"

自李先生来过后，张先生还真的试写了好几次。师母说她在隔壁听到张先生揉搓纸的声音，进去一看，原来是在给李先生写字，但总嫌手抖，字不成样。师母捡起来展开一看，认为还可以，劝他挑一张算了。但他坚决不同意，说这怎么能拿得出手呢。于是亲手把地上那些写过的都撕了。师母告诉我，张先生是个极认真的人，从不把自己不满意的东西拿出去。他一定要写出一幅满意的才给李先生。

我把这些情况都如实地向李先生讲了，他听后很感动，说张先生他们那一辈学人做人做事就是这样，千万不要去催了。请他多保重。

可此后，张先生的身体是每况愈下，住院出院，出院又住院，特别是自 1997 年下半年住院后，至今还未能出院，不仅手已拿不住笔了，连人也多已不认识了。我虽然再也没有催过先生，李先生也没有再提过此事，但我想只要张先生还在，加之今天的医疗条件，就一定还有好转的可能。

可如今，李先生却先张先生而去了。张先生人还在医院，但早已不认识人了，李先生托我的事是再也办不成了，不过他要的那十个字“养天地正气，法古今完人”总在我脑海中不断出现。我想这不正是李先生一生追求的真实写照吗！

忆香港资深出版家蓝真先生

今天上午接到老友潘耀明的电话，在谈完一些事情后，问我知不知道蓝真老先生前些天辞世了。这个消息对我来说不算突然，因为9月22日我赴港开会，行前曾和蓝老家通电话，准备去拜访。蓝老家的人说他近来身体不是太好，但听说我要来看他，他很高兴，嘱我来后同他联系。我知道他老人家特别爱书，便给他带去了我刚刚编辑出版的《中国古典数字工程丛书》中的《鬼谷子集》，是线装本，相信他老人家一定喜欢。到港后见到耀明兄，说起拜访蓝老一事，他说也要去，我俩便约好了时间。到了日子，潘兄却告诉我，突接蓝老家人电话，说他老人家因不慎跌了一跤而住院了。我因时间匆忙，不能久留，便托潘兄日后将书转交并代为问候。今闻此噩耗，不禁心中凄然。同蓝老相识相交的一幕幕又浮现在脑海中。

蓝老是香港出版界的耆宿，曾主掌香港联合出版集团多年。但2006年以前，我对他老人家却是一无所知，虽然我在国内出版界也已从业多年。2006年因工作需要，我被中国外文局派到驻香港的和平图书有限公司任总编辑。履新不久，便从同事口中听到蓝老的大名，原来他同外文局及和平图书有限公司有着极深的历史渊源，对我公司在港业务一直十分关注。凡由内地新来的工作人员，一定要拜会他老人家。这样一来，公司便很快征得他老人家的同意安排见面。初次见面，我发现他是一位十分健谈的老者，他个子不高，微微发福，面带笑容，和蔼可亲。与我们交谈时，他怕我们听不懂粤语而尽量说普通话，但广东味十足，乍一听还真不好懂。他对和平公司历任领导都十分熟悉，谈了很多他们在港工作的大事小情。由于我跟这些人多不认识，所以只做一名听众。其间他自然也问了我一些情况，得知我在中华书局工作过，便说到了他同中华书局一些老领导和现任领导的交往。我这才意识到他老人家丰富的阅历和一般同侪所不具备的资历。但因为是初次见面，我不便和他多谈。

蓝老是一位资深的出版家，是德高望重的出版界巨擘，在与人交往中，他总是用独到的职业眼光来判断一个人，并从而决定对你的态度。我初到香港，对当地的情况还不熟悉，与蓝老的接触自然不多。工作了一段时间后，特别是当我陆续编辑、出版了《中国学者看世界丛书》和季羡林先生的《病榻杂记》等书后，我发现他老人家对我颇为关注，再在一些场合见面时，他会和我多聊一聊，并把我主动介绍给他认识的出版界的朋友。就这样，我慢慢地和蓝老熟悉了。我把我主编的《家学与师承》和《名家心语丛书》送请他指教，他都十分赞赏，认为我做了一件抢救文化遗产的好事，嘱咐我要坚持下去，多出版一些学术大师的著作。我感到我和他老人家的心是相通的，我们的出版理念是一致的。我很庆幸自己能在香港结识他老人家。此后，我每有一些关于出版的想法，便第一时间说给他听，他总是对我的这些想法予以肯定和支持。他知道我一个人在港工作，怕我寂寞，有时就会邀我参加一些朋友的聚会，或独自请我吃饭。到了星期天，他还请我到家去做客。他的老伴李蕙师母对我也十分热情，也总夸我书编得好。她和蓝老都是正直的人，也都是性情中人。他们待我是真诚而无世故的。我和他们二老在一起非常开心。他们在清水湾的家我也去过，我们坐在晒台上聊天，下面不远处就是绿幽幽的海水。蓝老说他经常下海游泳。那里给我留下了美好的回忆。

后来因为某种原因，我要求调回内地工作。蓝老和老伴知道后，对我的遭遇深表同情；对我的决定也都表示支持。他们说："你有那么多好的想法和资源，在这里不能实现，干脆回去做好了。我们看好你！"临别时，他们老两口儿还特意为我饯行。

回到北京后，我和蓝老的关系反而更加密切了。我把我的新著《大师的侧影》和新编的《想念大师丛书》陆续寄给他，他收到后，总会给我打电话，或写信发表意见。他说："你回去对了吧。这些书只有你才能写得出、编得出来。你干得多好啊！"去年孙立川兄来北京，我托他把新出的《想念王锺翰》一书带给蓝老。不久便收到了他老人家的来信。他说："每次收到你编辑的书就想起我们的友谊和你对我们的眷顾，也想起像你用心用力编辑这类想念大师丛书的好编辑的人也太不容易了。保存、述说我国这一批国宝级的老学人珍贵的文学学术遗产是多么有意义的事。希望你继续发挥才能，做好这件工作。"能得到他的肯定和鼓励，我真的很知足，也很快乐。过年、过节的时候，我会提前打电话向他问候，在电话里和他们两位老人聊聊天。蓝老有事也会给我打电话，或直接写信给我。而且我们每年至少还能见一次面，多是他应邀出席在北京举行的出版界的一些重要活动。每到这时，他都会在抵达北京住进旅馆后，给我打电话告诉我旅馆的电话和房间号，不管多忙，他也会安排时间约我见面。他一般来北京都住西苑饭店。多数情况下老伴会陪他一起来。见面后我们谈得很开心，就像老朋友一样。我把一些新想法说给他俩听，他们不仅认真听，还会发表意见。2012 年那次见面，我把钱锺书先生指导的《中国古典数字工程丛书》的有关情况和我的想法介绍后，他们都认为这是一件大事，完全支持我做好丛书的出版工作。我为得到他们的支持而充满信心。我已经养成了这样一种习惯，遇到出版方面的大事，总想听听他们的意见。多数情况下，我们见面后，总还要在一起吃顿饭，一般都是蓝老在饭店请我。有一次是蓝老一个人来的，说是师母腿摔了，不能陪他来了。我们俩在西苑见面后，聊得很高兴，我得知他后面还有一段时间，便提出请他到我家做客。他老人家高兴地答应了。我陪着他到家后，他见到我的妻子和孩子，便同他们亲切交谈起来。最后我把他让进我的书房。他仔细地观看一番后，表示十分欣赏。临走时还说下次一定要李蕙也来我家进书房看一看。第二年师母的腿好了，他们老两口儿又来到了北京，我赶忙把他们从西苑饭店接到我家。师母路上还说蓝老上次回去就一直夸你家里人好，书房好呢。我们在家里边喝茶边聊天，其乐融融。最后我们在楼下的一家餐厅共进晚餐。那一晚，他们老两口儿和我们全家都很开心。我们还说好了，以后来北京，就到我家坐坐。

蓝老是一个特别重情义的人，就是在这次来京后，他还专门抽出时间宴请在京的在香港和平公司工作过的人，我也应邀出席了。我们和他们老两口儿有说有笑，一起回顾了在港工作时的情景。蓝老和我们每一位都很熟，席间他不时举杯给大家敬酒，惹得师母在一旁不断提醒他少喝。他却说我知道，今天见到大家高兴嘛。最后他坚持自费结账，说这顿饭是他安排请大家的。我们都被他老人家的盛情所感动。

去年的 7 月 1 日他们老两口儿又来到了北京，蓝老作为原“生活书店”的老职工代表，参加该店恢复后的挂牌仪式。他刚一抵京，便和往常一样打电话给我，说安排好时间就和我见面。我便兴奋地等待着。我还想把他们二老接到家中叙谈。可谁知，这次竟落了空。我心怅然。9 月我接到蓝老的来信，说：“本来很想见你和夫人，也电话告你。谁知十分匆忙就离开北京回港，失了约，心也不安，也只候明年了。”随信寄来了 7 月 18 日他们老两口儿结婚六十周年的纪念照片，并在后面注明、签名给我留念。蓝老就是这样一位细心而又热情的老人。写到这里，望着照片上的他，我泪如泉涌。我为永远失去了这样一位赏识我、关心我、鼓励我、支持我的老前辈而悲痛！

蓝老夫妇钻石婚照

本来9月我去香港开会，其中一项就是拜访蓝老，因为他是那么看好我编辑的《中国古典数字工程丛书》，我还特意给他带去了线装本的《鬼谷子集》，我想当面向他汇报工作的进程以及下面的想法和安排。我想象着他老人家于满面笑容中用赞许的眼神看着我并不住地点头称是。我是那样地期待着他的鼓励和支持。可我这次竟没能见到他，而且以后也永远见不到他老人家了。但我坚信：如果他健在，他会一如既往地支持我的。我也不会让他老人家失望的，我会用出版更多的好书来回报他的厚爱！

2014年12月28日凌晨二时写毕于京北传薪斋

匆匆远行的王尧先生

两三个月前，我给王尧先生家打电话，是王老的儿子接的，他说父亲已住进四季青桥旁边北京市最好的一家养老院，一人一间，有专人看护，条件非常好。家里的电话准备移进养老院，以便与熟人联系。最后他告诉了我养老院的地址。我听后心里有点戚戚然，因为我这么多年都已经习惯去民院宿舍四高层先生的家看望他了。当然，自去年先生的老伴突然病故，孩子又都远在国外，只先生一人在家，虽有保姆，仍很不便。所以，这样的安排算是不错的了。于是，我准备去看望先生。给他老人家带点什么好呢？他最喜欢我编的书，这也是他眼下最需要的了。我给他准备好了《季羡林学术著作选集》的前五卷，还有《想念张政烺》一书。他跟季先生很要好，我们经常谈这方面的事；他很佩服张先生，一直在等着看这一册。我主编的《想念大师丛书》都送给了他，他特别欣赏，总说我又为学术界做了一件好事。这不，《想念杨宪益》一书过几天就印出来了，我想干脆拿到书后一并给他送去，先生该多高兴啊！为此，我还约了我的一位同事，也是他的学生一起去看他。

前天（23日）中午，我和一个朋友通电话谈事情，中间她告诉我王尧先生去世了。听了后我一下子惊呆了，不能相信自己的耳朵。我原准备这几天去看望他的啊！我都能想象得出，他看到我拿给他的这些书，一定又会夸赞我一番的！可这次，您怎么就这么匆匆远行了呢？我编的书还怎么能送给您呢？写到这里，我悲从中来，潸然泪下。

作者看望王尧先生

我和先生是1985年相识的。有一天，他来中华书局看望赵守俨先生，赵先生是副总编，也是即将创刊的《书品》杂志的主编，我是杂志的责编，正忙于创刊前的准备工作。赵先生把我叫到他的办公室，将我介绍给王尧先生，并嘱咐我说："今后可以多约王先生给杂志写文章，他可是藏学方面的权威啊。"就这样，我和他老人家相识了，从此就没有断过来往。最初是约他给《书品》写文章，后来又约他给《传统文化与现代化》杂志写文章，接着又约他为我主编的《学林春秋》和《学林往事》写文章，再后来，又约他为我参与编辑的《国学新视野》大杂志写文章。先生对我真是有求必应，厚爱有加，以致我对先生都产生了依赖性，一有什么想法，就先跑去先生那里，和盘托出。每次他不仅认真听，还常常帮我出主意，想办法，并身体力行，带头写文章，按时交稿子。如我约他为《学林春秋》写稿，他交来了《我与西藏学》；我又约他为《学林往事》写稿，他又写来了《特立異行，追求真理——记我所知道的先师于道泉先生》。他不仅自己写，还告诉我可以约谁写。他认为我的这些想法都很好，对传承学术很有帮助，鼓励我坚持做下去。

1999 年，我因故离开了中华书局，来到现在的新世界出版社工作，先生知道后，对我仍然是一如既往，有求必应。我提出想编一套《名家心语丛书》，他听后极表赞成，认为这是我的风格和长项，鼓励我组织好编辑好。当拿到书时，他认真翻看后对我说："你又为老先生们做了一件大好事！"

2006 年，我为季羡林先生出版了《病榻杂记》，社里准备举行一个座谈会。我把这本书送给先生，他看了特别高兴，说："这些年你帮季先生编辑出版了好几部书，先生总夸你书出得又快又好。你对这些老先生有感情，他们都很信任你。"我提出请他参加出版社的座谈会，他欣然接受邀请，并在会上发表了自己的意见。

2011 年《国学新视野》大杂志创刊前，我提出希望先生能出任顾问，他愉快地接受了。我希望能写一篇对他的专访，他也高兴地答应了，这就是发表在 2012 年冬季号上的《"仁波切"与西藏活佛转世制度——藏学家王尧教授访谈》。第二年，杂志在北京举行创刊一周年座谈会，我代表主办方请他出席，他也高兴地到会并表示祝贺。

同年，我提出主编《想念大师丛书》的计划，他听了我的设想后表示非常支持，认为这些大师都是国宝，确实值得我们永远怀念，应该编辑好这套丛书，给后人留下一笔真实、宝贵的研究史料。《想念周振甫》一书出版后我们召开了出版座谈会，王尧先生亲临座谈会并作了主旨发言。其后，每出一册我都会送请他斧正，他也总会给我热情的鼓励，支持我把这套丛书出版好。

2014 年，我着手编辑出版《中国古典数字工程丛书》。之前我向先生作了介绍，他听后，认为这是一个大工程，十分重要。他说："钱锺书先生的远见卓识是举世公认的，由他倡导和规划的项目其重要性是不言而喻的；主编栾贵明殚精竭虑、费时三十年才初见成效，确属不易。我和他在山东大学见过面，听他介绍过此事。你今天能帮助他们编辑、出版这套大书真是太好了。"当第一辑《列子集》《老子集》《庄子集》《孙子集》《鬼谷子集》和《中华史表》问世后，新世界出版社召开了新书发布会，学术界许多重要人物都莅临大会表示祝贺，王尧先生不顾年老体弱也亲临大会，用实际行动表达了对我们工作的支持。

这一桩桩、一件件还宛如昨日，虽然这只是三十年中发生的一部分，我不可能一一列举，但先生对我的厚爱可谓尽在其中了。其实，先生是通过这种绵长的爱来勉励我做好对文化遗产的抢救工作的，他老人家可能是担心我稍有懈怠。可对于已经养成依赖性的我，先生怎么能不管我了，就这样匆匆远行了呢？

这几年，先生确实老了，光从他走路的姿态就已显现无余了。

但他的精神状态和记忆力还是比较好的，每次聊起那些学人往事，我和先生常常是乐在其中。记得有一次说到他的老师于道泉先生，季羡林先生曾讲于先生相信这个世界上有鬼，并说于先生太聪明了，脑子里有许多奇思妙想，总会时不时地冒出来。王先生听后说：“我给你讲一个故事。1949 年中华人民共和国成立后，于先生从海外回到了北京。作为一名二十年代入党的老党员，他不找党组织，不要求恢复党籍，不愿坐享革命胜利的成果，而是心满意足地到北大东语系任教。他为投身新社会，迎来新生活万分高兴。他对老伴说：‘我去国这些年，一直是你照顾家和孩子，付出了很多，我很感谢你。但如今是新社会了，都要自食其力，不能剥削。为此，我想好了，你也要做点事，由我给你发工资。做什么呢？干脆去放羊。’于是，他买来一只母羊，让老伴每天去放。此后，邻居们每天都会看到于师母到校外去放羊。遇到下雨天怎么办呢？于先生便买了两件雨衣，一件给师母穿上，一件披到羊身上。当时，塑胶雨衣还是稀罕物，红红绿绿的，十分鲜艳。这一下子成了人们眼中的一道风景。特别是后来，于先生听说听音乐能有助于母羊产奶，他又买来半导体收音机，让老伴挎上它，一边放音乐，一边放羊。这成为当时的奇谈。”王先生讲完，两眼笑眯眯的；我听罢，则笑出了声。我和先生在一起是多么的开心啊！可如今，这一切都不可能再有了。我的心碎了。

他的老伴健在时，每次我去，都是她给我们端吃的、倒喝的，看得出，先生平时在家被老伴照顾得很好。但就在去年，他的老伴突然先他而去了，这对先生的打击实在是太大了。老伴走后，他先是到奥地利孩子们那里住了一段时间，回来后，我去看他，房间里顿显空荡荡的。他告诉我，平时他的日常起居都是老伴照料，家里除了书以外，东西放哪里他一概不知。每次出门，也都是由他老伴打理，陪他一起去。现在老伴走了，他连钱和证件及一些日用品放在哪里都不知道。老伴是因心脏病突发而去世的，所以他没有心理准备。但他告诉我："老伴在病发前，有一天曾对我说：'你来，我告诉你咱家的钱和证件及一些日用品都放在哪里了，万一有事，你也好知道。'我当时没明白老伴的用意，还说，你知道放哪里就行了，我不用知道。可谁知，老伴有一天竟突然走了，来不及跟我说话，叫我一下子如何是好?"先生说到这儿，眼圈红了。我跟先生认识这么多年，还是头一次看到他这么伤心。

自此以后，先生的身体就每况愈下了，终于就这样匆匆地走了。我现在明白了，他是急着去找老伴了。

2015 年 12 月 25 日夤夜含泪改定于京北传薪斋

徐苹芳先生和他未完成的书

今天中午，我忽然接到徐先生的老伴打来的电话，告诉我徐先生去世了。我一时有些发懵，不敢相信这是真的，因为就在4月初，我去他家请他出席新创刊的《国学新视野》杂志即将在京召开的新刊发布会时，他不仅爽快地答应了，而且到了那天，还提前赶到了会场。只是散会后，他没有留下用餐就先走了。我当时送他下楼，他还说没有事，想早点回去。记得那天在他家，我们谈了好一阵子的话，先是我说想编一本《想念夏鼐》的书以纪念这位大师。他听后说这个想法很好。我说那就请您写一篇，因为您跟夏先生一起工作过。他说夏先生的文集就要出版了，待他看过后一定写。因为夏先生在“中央研究院”历史语言研究所工作过，所以我对他说，现在才更加认识到史语所对中国学术研究发展起到的作用是多么的重要。他听我这么说后，肯定我的意见是对的。不过，我那天见到先生时，明显地感到他消瘦了许多，简直都有点走形了。我问是怎么回事？他说他吃的药里有一味是过敏的，事先不知道，连着泻了几天肚子，后来一看才发现的。那时先生还在治牙，我还请他不要着急，慢慢来。没想到他这么快就走了。

我和先生在二十世纪八十年代中期就认识了，那时我在中华书局负责编《书品》杂志，先生就在我们斜对面的社科院考古所上班。主编赵守俨先生和徐先生是好朋友，有一次他派我去组徐先生一篇稿子，记得是请他写评介《古代都城资料选编》的书评。

很快先生就把稿子写来了。此后，我便经常去拜访他，他也常到书局里来。

后来，我调离了中华书局，但与先生还一直保持着密切的联系。大概是在 2002 年或 2003 年吧，我有一次去先生在东四九条的家拜访，当时我人已在新世界出版社了，很想组几部重要的书稿，自然便想到了先生。他听了后说："我手里正在搞一部大稿子，书名暂定为《丝绸之路所见国外珍宝》。因为古代的丝绸之路是双向的，不仅我国的文化瑰宝和艺术珍品沿着这条路传播到了海外，还有大量的海外的文化瑰宝和艺术珍品顺着这条路流入了我国，在这条路上我们通过考古发现了大批的国外珍宝，这就是明证。我现在搜集了大量的资料和图片，正在写这部书，不过还需要得到一些相关图片收藏单位的支持和配合。待我搞好后就交你出版吧。"从先生的介绍中我知道这是一部非常重要的著作，他能答应交给我出版，真是太好了。从此，我便隔一段时间，或给先生打个电话，或登门拜访，话题总离不开这部书稿。虽然他很忙，经常受邀到全国各地的考古发掘工地去指导工作，但总告诉我书正在写作中。大概是 2004 年的一天，他给我打电话，说他要去台湾新竹"清华大学"讲学，正好顺便查找一下书稿要用的一些图片。回来后他又告诉我，此行很有收获，不仅查到了一些图片和资料，台湾的同行和有关单位对此书也很感兴趣，可能愿意资助出版。因为此书不仅图片很多，而且这些图片十分珍贵，有些图片需要高价购买，且印刷成本非常高。他说："我怕你负担太重，争取给你找一笔赞助资金出版。"我知道先生是为我考虑，心里很感动。

2007年年底，先生应邀到香港城市大学讲学，我那时刚好也在香港工作，得知先生的住址后，我便去看望他们老两口儿，见面后彼此都非常高兴。他们两位的精神状态很好，特别是住在他们隔壁的也应邀来此讲学的竟是他多年的老友中山大学的蔡鸿生先生，于是，除了参加他们的讲座外，我还陪同他们一起外出吃饭、散步；有关方面邀请他们出席一些活动，我还派车予以接送。至今我还清晰地记得我们几个人在校园里一边散步，一边聊天的情景，真是其乐融融，令我终生难忘！

我们都回到北京后，有一天，先生给我打电话让我抽时间去他家一趟，我知道一定有事，赶快去了。见面后，他告诉我香港商务印书馆的一位负责人跟他联系过了，最近香港联合出版集团的负责人也来拜访过他，意思是希望他把《丝绸之路所见国外珍宝》一书的繁体字版授予他们先行出版。先生叫我去就是为了商量这件事的。他说："我最初是答应交给你出版的，但是考虑到出版这部书费用较高，为了减轻你们的负担，我准备同意交香港商务印书馆先行出版繁体字本。不过我已同他们说好，出版繁体字版后，应免费将片子提供给你们出版社制版印刷简体字本。这样一来，你们的负担就会减轻许多。你看这样行吗？"先生如此为我们着想，我还有什么可说的呢。先生又说："你同意了，我考虑一下再回复他们。重要的是书稿我现在还没有全部搞定，外面的事让我抽不出身来。这不我刚从浙江回来，马上又要去四川的一个现场。"看到他忙成这样，我连忙请先生务必注意身体，不要累病了。

这之后，先生依然是忙得团团转，我心里因为总惦记着那部书稿，便抓住他在家的时机，不时去拜访。三句话直奔主题，他告诉我书还没有定稿。我也总认为先生还有时间搞定的，下次再催吧。可谁知，他竟撒手而去了。这消息让我震惊，太突兀了。我本来在前不久和先生电话约好，忙过这段时间，我就去看望他，再谈谈写夏鼐文章的事，当然了，也要问问书稿的最新进展。可如今，我还能问谁呢？

2011 年 5 月 23 日深夜于京北传薪斋

想起了金开诚先生

最近我一直忙着再次增补《学林春秋》。提起这部书，我自然地又想起了金开诚先生，因为他对我的编辑工作帮助很大。我那时在工作中一有什么想法，总先要咨询他老人家，听听他的意见。当然了，他对我个人是十分了解的，不仅因为我在大学时听过他的讲座，后来到中华书局工作，最初负责编《书品》，后来又去创办《传统文化与现代化》，他一直是这两本杂志的作者。我在工作中遇到什么困难，只要找到他，都会得到他的帮助，所以，我很信赖他。记得二十世纪九十年代中后期，我有感于“哲人其萎”的严峻现实，提出“抢救文化遗产”的编辑方针，第一步就是想先把八十岁以上的学术大师们的宝贵的治学经验抢救下来。于是我把这一想法向金先生作了说明，并把组稿名单草稿送他过目，请他提意见。他听了我的想法，看过组稿名单（上面有近五十位作者）后，对此极表赞成：“你的这个想法太好了，真要能做成，可以说是为二十世纪中国学术史留下了不可多得的研究资料啊!”听先生这么一说，我就更激动了。这时他又说道：“不过，我还是要给你泼点冷水，因为你的组稿对象是全国各地的学术界的老先生，他们不仅年事已高，又不是为你一人做事，要想在短期内拿到他们的稿子，困难啊！我原想只把北大的十几位老先生的治学经历用录像的形式记录下来，结果都没能搞成。所以，你也要有思想准备。”先生说的是实情，他担心我对困难估计不足，只是三分钟的热情，所以再三谆谆告诫我。

作者看望金开诚先生

可我当时毕竟年轻，真有股子初生牛犊不怕虎的劲头，在完成编杂志的本职工作的前提下，以极大的热情和异乎寻常的干劲，在不到一年的时间内就完成了原订计划，于 1998 年由中华书局出版了《学林春秋》，该书共收录了四十位老先生的治学经验。

其实，刚编好这部书，我就有了新想法，又忙跑去向金先生汇报。我说，既然是抢救遗产，而且是抢救我国二十世纪的学术史资料，那么，八十岁以上的老先生的治学经验已基本抢救下来了，七十岁和六十岁以上的老先生的治学经验也应该及时抢救下来，因为马上就要进入二十一世纪了，我想在这之前，把这部大书编好并予以出版，作为对即将过去的二十世纪的一个总结。他听后深以为然，认为如真能抢救下来，就是一部继《明儒学案》

《清儒学案》之后的“二十世纪的中国学学案”。可是，这样做起来，工作量起码也是原来的两倍，还要在2000年出版，时间够紧的。剩下的话先生没说，却在他后来为我写的书评——《为学术史抢救一份遗产》（见2000年6月21日的《中华读书报》第11版）中道了出来：“我认为编这部书很有意义，但难度很大，可能完不成。无论是八十岁以上、七十岁以上、六十岁以上的人，你去征稿总会有人应约交稿；但此书的特点和价值在于一个‘全’字，而由于种种原因，所约稿件全部到手是不大可能的；结果很可能挂一漏万，到那时你便进退两难了。”

这些话先生当时没说，我是后来读到报纸才知道的。但是你们知道我当时跟先生说的是什么吗？请接着看他在书评中的另一段话：“正当《学林春秋》的征稿工作紧张进行的时候，张世林同志又和我谈到他想再编一部《学林往事》，专门介绍已故学术大师的治学和为人，由他们的弟子、同事或亲属来撰稿。这些大师的治学活动始于或主要在二十世纪上半叶，正好与《学林春秋》作者的学术活动相衔接；二书相配，才能较为全面地反映二十世纪的文史研究及其发展历程。我听了之后心里想，你为《学林春秋》‘催稿’已很不轻松，如何还能在同时再编一部大书？不过这一次我却没有给他‘泼冷水’，因为我已比较了解此人的事业心与工作能力。”

我也不知道当时自己是怎么来的这么大的决心和干劲。总之，历尽千辛万苦，我在1999年年底出版了六卷本的《学林春秋》，又于2000年3月推出了三卷本的《学林往事》。当我把这九部大书送到先生的桌上时，他那喜悦和惊诧的表情，我至今难忘。

从此以后，我一有想法就要先征求先生的意见。2001年我在为季羡林先生编辑出版了他的新书《千禧文存》后，又有了一个新的想法：干脆主编一套丛书，请一些老先生每人写一本。其实这也是在做“抢救”工作。这个想法先是得到了季先生的大力支持，他不仅允诺以后每年给我们写一部新书，还为丛书写来了“总序”。当我把这一想法报告给金先生时，他当即表示支持，并身体力行，说要交我一部稿子。这就是后来编入第一辑的《文化古今谈》。但当时这部丛书的名字我还没有想好，于是我又去请教先生。过了两天，他打电话给我，说：“我仔细想过了，就叫‘名家心语’吧。”这就是这套丛书名称的由来。

通过上面这样两件事，可以看出先生对我的厚爱，他好像特别喜欢有想法、有干劲的人，我自认为这两点我都有，所以在工作中一直得到他老人家的指导和帮助。可天有不测风云，2008 年先生竟溘然长逝了，我当时尚在香港工作，听说后哀痛不已。如今八年过去了，这期间，我每有想法，自然就会想起他老人家。他对我的指导和帮助就像昨天发生的事情。

2016 年 5 月 29 日夤夜

编辑的楷模

——深切缅怀傅璇琮先生

傅先生离开我们已经有几个月了，这期间我的心一直无法平静下来，他的辞世，标志着编辑界一代大师的落幕。傅先生是中华书局的总编辑、唐代文学研究会的老会长、著作等身的大学者，在他之后，我相信，我国的编辑界很难再出现像他这样集编辑与学者于一身的大师了。我曾有幸在他领导下工作了十五年。1984年我刚入中华书局，被分在总编室工作，傅先生那时是副总编，因此，我跟先生工作上接触很多，发现他是一位非常儒雅又和蔼可亲的长者。每次我给他送东西或书报什么的，他总会细声地连连道谢，脸上全是笑容。我跟他一起工作了十五年，他都是这样，从未见他红过脸，更未见他疾言厉色地说过话。那时我们这些年轻编辑都知道，中华书局是个藏龙卧虎之地，有许多有大学问的人，傅先生就是大家公认的其中的代表。何以见得？我可以举两个例子。

在二十世纪八十年代至九十年代，当时中华书局和商务印书馆在一栋楼内办公，共用一个传达室，结果，在那段时间里，傅先生收到的稿费是最多的，当然了，他出版的图书和发表的文章也是最多的。我记得有时去传达室取东西，他们就会让我把傅先生的汇款单或寄给他的样书拿给他，末了还会说一句："又是寄给你们傅先生的钱和书。"再一个就是找傅先生的人也是最多的，不光是本地的，还有许多外地的学者。因为他一直都是学界的领袖人物，组织并主持了一些大项目，或主编了一些大部头丛书，所以来谈事和请教的人比较多。这都说明他是一个勤奋高产的学者，又是学界的领军人物。

傅先生个子不高，瘦瘦的，是典型的南方才子。他的精力很充沛，白天在单位要处理方方面面的行政事务和编辑业务，很难有完整的时间用于读书和写作。但他却发表了那么多的专著和学术文章，可以想见，他每天要工作到多晚了。我们每天下午五点下班走时，总见到他还在办公室里，他说过，他要利用吃晚饭前的这段时间做事。其实，他每天都要工作到很晚。他真是把自己的一生都献给了我国的学术出版事业。中华书局之所以能成为一个具有浓厚的学术氛围的出版单位，恰是同以傅先生为代表的业务领导的以身作则和勤奋努力密切相关。在我同先生一起工作的十多年中，除了读书和写作，我发现他没有什么别的爱好了。我陪他去过北戴河、太原、黄山和南京等地开会，他会象征性地在海边转一下，或是在山脚下走一走，其他的时间都在约人谈事或看书、写作，这已经成为他的主要生活了，不会因为场地的改变而改变。做过编辑的人都知道，“为人作嫁”是自己的主业，且又是一件费神费时的差事；而学术研究和写作只能是副业，大都放在业余时间里做。傅先生能取得那么大的学术成就、出版了那么多的学术专著、组织并主编了那么多的大型学术丛书，除了天分以外，正是同他多年养成的爱惜时间、刻苦勤奋密不可分的。

在我们眼里，傅先生是一位真正的学者型的编辑，在学术界大家也都把他看成是一位大学者。我有时心里想，他要是不在出版社做编辑，而是直接到大学或研究机构专门从事学术研究该更有利啊。有一阵子还真听说有关单位要调他过去，可是每天还是见他准时来到书局上班。为什么会是这样呢？编辑工作在他眼中就那么重要吗？答案最后还是由他自己揭示的。我在1998年开始着手编辑《学林春秋》（三编）时，自然想到要请傅先生写一篇介绍自己的治学经验的文章，我甚至自然而然地替他想好了题目——《我和唐代文学》，因为先生是学术界公认的该领域研究的大家，有好几部具有开创性的大著摆在面前。当我和先生谈了我的想法和建议后，他对我的编辑设想极表赞成，也答应撰稿，却说题目我还要想一想再定。记得过了没有多久，先生便把稿了交给我了，打开一看，题目是《我和古籍整理出版工作》，通读全稿，文中有一段话道出了先生的初衷：

> 一个人，即使长期在出版社工作，不在大学或研究所，也能学有所成的。我记得那时我就立下一个志愿：我要当一个好编辑，当一个有研究水平的编辑。我那时就想尝试一下，在出版部门，长期当编辑，虽为他人审稿、编书，当也能成为一个研究者。我们要为编辑争气，树立信心：出版社是能出人才的，编辑是能成为专家学者的。

这一段掷地有声的话，真让广大的编辑同行们感奋！傅先生把他的一生都奉献给了祖国的出版事业，也用他一生的编辑和研究实践，实现了他的志愿：他不仅是一个好编辑，一个有研究水平的编辑，更是一个举世公认的大专家、大学者。他是我们编辑界的骄傲，也是我们永远的楷模。

傅先生的工作是那样的忙，但他对年轻人的进步又极为关心，总会在你需要时提供热情的帮助。有一次，我写了一篇文章，题目是《戎昱和他的〈苦哉行〉五首》。想到傅先生是这方面的专家，于是鼓足勇气请他给看看。他不仅认真审阅，还作了一些修改，并让我再参阅他主编的《唐才子传校笺》的相关部分。我后来又按照他的意见重新作了增补和修改，经他再次审阅改定后，才拿出去发表。

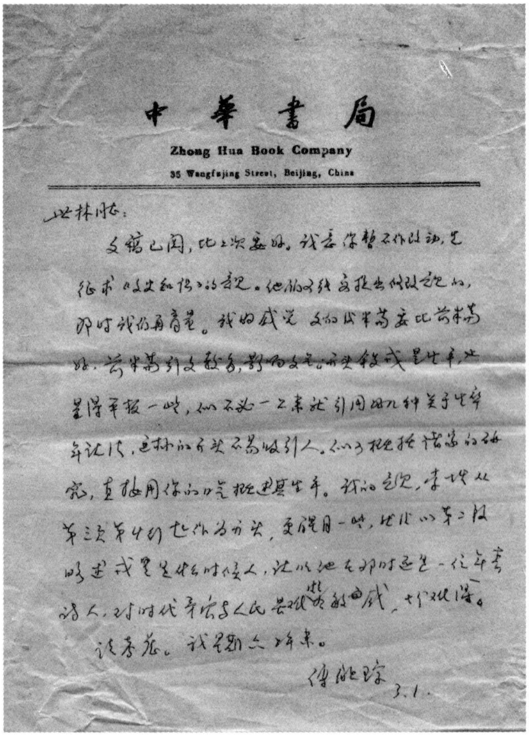
中華書局
Zhong Hua Book Company
35 Wangfujing Street, Beijing, China

世林同志：

文稿已阅，比上次要好。我希望你暂不作此改动，先[illegible]和你们的意见。他们如能提出什么意见的，那时我们再商量。我的意见，文的[illegible]要比前半部好。前半部引文较多，影响文气。[illegible]戎昱生平，最好再精简一些，似不必一一条条引用那几种关于生平年谱的，这样的写法不易吸引人。似可概括诸家的研究，直接用你的口气概述其生平。我的意见，[illegible]第三首第4句[illegible]作为分界，更醒目一些，[illegible]叙述戎昱生活时代的人，让人[illegible]那时还是一位年青诗人，对时代和人民是[illegible]，[illegible]。

请考虑。[illegible]

傅璇琮
3.1.

1997年我开始酝酿主编《学林春秋》，当我把这一想法汇报给他时，他极表赞成，还就人选问题发表了自己的意见。后来稿子收齐了，我一时不知把谁放前、谁排后，又去征求先生的意见。他提出就按年齿为序吧。这就一下子解决了我的难题。

我在工作中经常会向先生约稿，不仅因为他的水平高，而且还因为他写文章快，所以我在编辑《书品》时，需要急就章就去麻烦先生，他都能及时提供稿件，帮我解决问题。而我开出稿费拿给他时，他往往又会说："你帮我去趟稻香村，买些熟食给总编室的同志们改善改善吧。"所以，二十世纪八十年代后期我们总编室中午有时会小聚一下，这全是拜先生所赐。至今回想起来，心里还是暖暖的。

到了1999年，我因故离开了中华书局，离开了傅先生，从此心里总有一种失落感，再也不能像从前那样在先生的领导下心情舒畅地工作了。和先生见面的机会也少了，只是在一些会上能见到他老人家。每逢此时，我必趋前问候。先生见到我，也十分高兴，除了询问我的工作状况外，还会夸赞说："又看到你编的书和你写的文章了。"此时先生是满脸笑容，像是在给我最好的奖励。我永远也忘不了的是2013年，为了纪念程千帆先生百年诞辰，我着手主编《想念程千帆》一书，特约先生撰文，他很快写来了《"逢其知音，千载其一乎"——缅怀学术知音大师程千帆先生》的文章，对我的工作还是一如既往地帮助、支持。该书出版后，南京大学决定在当年的十月召开纪念大会，邀请傅先生出席。不知什么缘故，我没有接到邀请，不知道会议的时间，因而接受了别人的邀请，要赶赴另一座城市。傅先生认为我一定会去参加程先生的纪念会，所以到了临近开会时给我打电话，要我陪他一起去，并在电话中要我一定买哪一天哪一刻的火车票。几年没有见到先生了，这是一次多好的机会啊！可我因事先不知道而答应了别人，只得据实以告。先生却说："我给南大打电话，他们会接待你的。"结果我只能让他失望了。至今每一念及，我都痛彻心扉。我失去了和先生的最后一次出行的机会。

在向他老人家告别的仪式上，我望着他的遗容，悲从中来，痛哭流涕。我在想：我再也遇不到这么好的领导了！编辑界也许从此再不会有像他这样的大师了！

2016年6月10日夤夜

一份珍贵的回忆
——我向资华筠委员约稿

今天据媒体报道，我国著名的舞蹈艺术家资华筠于昨天辞世了。这消息在我的心里激起了波澜，脑海中浮现的是她站在海滨的沙滩上双手向上翩翩起舞的优美身影。她是举世闻名的舞蹈大家，我当然知道；但我同她认识，却与这层身份全然无关，而是因为她的另一个身份——全国政协委员。这事还得从我策划并编辑《情系国计民生——政协提案的故事丛书》说起。

2009年3月17日，我策划的上述丛书被全国政协秘书长办公会议正式批准立项了，并决定书出版后于9月16日举行首发式以庆祝中华人民共和国和全国政协成立六十周年。其实，那个时候我早已过了“知天命”的年龄了，但头脑还是容易发热。一碰到好的选题，就忘了年纪，按捺不住地就想往前冲。这对我应该是个教训。起初我只想编一辑，因为时间太紧了，满打满算只有六个月了。更何况我平时接触最多的是学界的学者，编辑的都是学术书籍，几乎没有和政协委员打过交道，更没有编辑过这种政治上和时效上、文字上要求都高的图书了。但这个时候说什么都已经没用了，只能做过河的卒子了。当然了，做了这么多年的编辑工作，办法和经验总还有一些，我首先想到的就是赶紧确定作者，尽快着手组稿。我仔细阅读了全国政协提案委员会办公室提供给我的有关资料，重点选择那些有意义、有故事的提案和有一定知名度的提案人作为本书的题材和作者。因为经验告诉我，只有选对了题材选对了作者，才能拿到好稿子。这样，在第一批入选的作者名单中就有资华筠委员。虽然我不认识她，也从未和她打过交道，当然了，她也不认识我，但我还是直接给她打了电话。记得我自报完家门，刚说到正题——组稿时，她听后径直告诉我不能写：一是手头工作很忙，二是好几家的约稿都没有完成，实在不能答应。就在她准备挂电话的当口，我请求让我把话说完。她老人家还算给面子。我赶紧强调：“您是老委员了，参政议政二十多年了，一定提出过不少的提案，为国家和人民解决了不少的问题，难道您就不想借这个机会向人民汇报一下吗？就甘愿让人们误解为当‘花瓶’吗？我们现在编辑这套书，目的就是通过委员们自己讲述提案前后发生的真实的故事，让全社会的广大读者具体了解人民政协和委员们在中国现实生活中发挥的重要作用。我以为这才是一个政协委员首先应该考虑做的事情。”在我这样一番强词夺理之后，她老人家居然答应考虑考虑。我看有门儿，便连忙道谢。但打铁需要趁热，何况我也确实没有多余的时间，只过了两天，我便又挂通了电话。她一听是我，便说：“你那天说的有道理，作为政协的老委员，在提案方面我确实有不少切身的感受，应该写一篇，向人民汇报一下。听得出你是一个老编辑了，对工作很热心、很认真。”这次她不仅很热情，也很爽快。我还不忘补了一句：“您既然答应了，就一定要尽快写好给我。因为我还有许多事情要做。”她说：“放心！写好就给你。”

大约过了十天吧，我便收到了她发给我的文章，题目是《为修建毛里求斯中国文化中心新大楼推波助澜》。她在文中说，2003年她受文化部的委派，赴毛里求斯等国开展中国舞蹈文化的讲座，由于得到驻该国中国文化中心全体工作人员的大力支持，取得了很好的效果。但在私底下闲谈中，文化中心的几乎所有的工作人员都提到该中心大楼及员工宿舍存在安全隐患。原来，文化中心大楼始建于二十世纪八十年代中期，由于对当地的地质、气候特征勘察不足，现在这座大楼已经出现倾斜、坍塌，变成了一座危楼。虽向国内有关方面反映过多次，但一直没有得到彻底的解决。不仅工作、生活在其中的驻外工作人员有生命之虞，也无法承担好对外文化宣传工作。

她了解到这些情况后，心急如焚，深为驻外人员的安危担忧。回国后马上起草了《关于毛里求斯中国文化中心急需解决危房重建建议案》，于 2004 年全国政协十届二次会议期间提交给大会。不久，她便收到了主办单位的复文：财政部将拨出专款重建。数年后，一座崭新的中国文化中心大楼在毛里求斯拔地而起。当她看到电视里转播时任国家主席胡锦涛访问该国时参观新建的文化中心大楼时，她便情不自禁地回忆起自己的那份提案及其背后的故事。

读了这篇文章，我很有感触，原来一件提案的形成是缘于背后这些真实、生动、具体、鲜活的故事，但归根结底还是需要碰上一位情系国计民生的热心于参政议政的政协委员。我以为她老人家就是这样的人。不是她，就不会有这样的提案，也不会给我写来这样感人的故事。我决定把这篇文章编入第一辑。因为要放作者的照片和简历，我又拨通了她的电话。她问我照片可不可以不用证件照，改为生活照？我表示完全同意。于是，便有了本文开头提到的颇为传神的那一张。

可就在我费了九牛二虎之力基本落实了第一辑稿子之时，却传来政协领导的最新指示：既然是为新中国和政协成立六十周年献礼，一辑太单薄拿不出手，改为出版三辑。万般无奈，只得从命！但凭空多了两辑，一下子上哪儿去找既有故事又能写得快、写得好的作者呢？于是我又想到了资华筠她老人家。可这次怎么说呢？只能实事求是，据实相告。好在经过前一段的交往，她认为我还是一个认真做事的老编辑，不会急着挂电话了。我告诉她情况发生了变化，您是其中少有的几位自第五届起连任政协委员的老人。考虑到您的任期长，提案必然多，背后的故事丰富多彩，能不能一鼓作气，再写两篇。让每一辑里都有一篇您的文章，以区别于新任的委员。其实我都准备好了，她要是不答应，就商请她写一篇也好。没想到，听了我这话，她老人家就爽快地答应了。我真是喜出望外。在不到一个月的时间里，我又先后收到了她发给我的两篇文章：一是《爱之深　虑之远——关于“非物质文化遗产保护”提案的故事》。文中有一段话给我留下了深刻的印象：

> 我每每看到隆隆的机器声打破了秀美的自然村落的宁静，随着现代化的酒店、商厦的拔地而起，原属于这片土地的散发着泥土芬芳的固有文化被粗暴地摧残、吞噬，或是被“劣质香水气味”所侵袭；面对着社会急剧变革中各种民间文化受到严重冲击，民间艺术的传承人处境维艰……不免生发像自然科学家面对林木滥伐、水土流失、河流污染那样的忧虑！文化生态保护意识在忧虑中油然而生。

接下来我们便看到和读到了作者直面现实，在多次政协大会上提交了多篇关于“非物质文化遗产保护”的提案，从而取得了有目共睹的一系列成果：一是《从“除新四害”到奥运紧急提案始末》。出于对2008年北京奥运会的高度关注，更出于对北京首都精神文明建设的高标准期望，作者针对日常生活中随处可见的不文明现象，具体归纳为四个方面：一、随地吐痰、乱扔垃圾——环保意识差。二、排队加塞儿——行为不文明。三、不择地点，任意吸烟——损己害人。四、“国骂”普及面很广——语言不文明。这四种现象，作者称之为“新四害”，不仅严重污染了首都的精神风貌，且已成为北京人的“顽症”！虽然严重如此，但却被许多人视为“小事”。作者则认为这是事关首都精神文明建设和奥运会能否成功举办的大事。所以才有了她的紧急提案并得到了北京市政府的高度重视。我把这两篇文章分别编入了第二辑和第三辑。

正是由于得到像资华筠这样的委员们的帮助和支持，我在半年时间里编辑出版了《情系国计民生——政协提案的故事丛书》三辑，完成了献礼的任务。为此，我一直都很感念她，很想拜访她以当面致谢并亲聆教诲。但知道她确实很忙，不便打扰。可如今，她竟因病而长逝了。我把这一段组稿经历披露出来，作为对她老人家的缅怀和纪念。

2014 年 12 月 10 日草稿

2014 年 12 月 12 日改定

二、书　　缘

品优复评劣　得失寸心知

——写在《书品》创刊十周年之际

《书品》创刊号书影

自 1986 年创刊，《书品》至今已经度过了整整十年了。十年，对于人生长河来说，只能算作一瞬，但对于一本杂志，特别是对于以评论和介绍本版图书为主要宗旨的《书品》而言，十年来能够不改初衷，一步一个脚印地在书评园地里默默耕耘，当可谓是走过了一段漫长的路程。其中的酸甜苦辣，只有编者心里最清楚了。编刊物虽说也是做嫁衣，但这件嫁衣可不好缝制。因为刊物的内容、栏目、字数、页码都有严格的限制，每期既要做到出新、有变化，又要万变不离其宗，确实不是一件容易的事。

《书品》是由中华书局主办的、以评介本版图书为主要内容的学术书评刊物，其中的“品”字，意即对自己的出版物“品优评劣”“说短道长”。截止到目前，一家出版社自办一种专门评介本版图书的学术性书评杂志，而且又已坚持出版了十年，中华书局是独一家，《书品》当然是独一份了。单从这一点看，《书品》的特色也是颇为鲜明的了。

十年来，《书品》共先后发表各类文章五百三十多篇，其中评介本版图书的文章有三百八十多篇，内容涉及中华版图书的方方面面。对于书评文章，我们始终强调和突出的是一个“品”字。我们认为“品”和“评”是不一样的，前者比后者更深入、更丰富、更有分量。而“品优评劣”是题中应有之义，也是我们刊发书评文章所坚持的一个准则。但真能做到这一点是有难度的。对于一部学术著作，要真能品出优劣，指出问题，恐非专家学者不可。因此，《书品》自创刊伊始，便十分强调和注重作者队伍的建设。一部新书出版后，由谁来写评介文章，这直接关系到文章的质量，品评的是否允当。我们知道，一篇好的书评文章，决不能只是向读者简单地介绍一下书的内容或归纳出几条优点，而是应该站在一定的学术高度，向读者披露书的编纂源起、成书年代、学术研究状况、目前研究的重点和难点、该书的价值、作用和不足之处，使读者读了，不仅对该书有所了解，知道它的价值和问题，而且还对这一学术领域的研究状况有了大致的了解，从而生发兴趣，作深入的研究。为此，我们先后约请了一批著名的专家学者，结合自己的研究成果，著文介绍研究、著述中的心得、体会和甘苦，以引导读者把握其中的治学方法和门径。

例如，在创刊号上发表的杨伯峻先生的《我和〈左传〉》一文，生动、细致地介绍了他自幼在其祖父和叔父的指导、监督下诵习《左传》，直至为之作注，取得了丰硕的研究成果，是一篇极为生动的有的放矢的“治学经验”之谈。该文发表后，在读者中引起了较大的反响。很多读者来信希望我们能继续刊发由专家、学者结合治学实践谈“治学经验”的文章。也有的读者提出想请杨伯峻先生再介绍一下“从《左传》学些什么”。于是，我们便以此为题，请杨先生撰写了专文，发表在1988年第一期上，满足了读者的要求。继杨文之后，我们又约请陆宗达先生撰写了《我与〈说文〉》（见1987年第二期）。文章着重介绍了他在长达六十年的时间里学习、研究、教授、整理《说文解字》的方法、经验、体会和成果，生动地阐述了基础与专攻、广博与精深的关系，对读者了解《说文解字》和“说文学”极有帮助。王锺翰先生的《我和〈清史列传〉》（见1989年第一期）一文，如实地记述了他为点校、整理好《清史列传》一书所花费的大量的劳动和心血，最终回答了该书的稿本来源问题、校勘记的撰写问题及史料价值问题。真是不读不知道，原来该书的整理出版凝聚了整理者多年的辛勤和心血啊。周祖谟先生的《我和〈广韵〉》（见1989年第四期）一文，介绍了他为整理校订出一个好的《广韵》本子，曾先后搜集了当时所能搜集到的所有的不同版本，又在这一基础上进行了大量的比勘、校订工作，最终整理出了《广韵校本》这样一个大家公认的好本子。他的这一经验之谈，等于为那些有志于从事古籍整理的学人上了一堂生动的示范课。周振甫先生的《我与〈文心雕龙〉》（见1993年第四期）一文，记述了他自四十年代开始接触《文心雕龙》，六十年代出版《文心雕龙选译》，到八十年代问世《文心雕龙今译》所走过的研究历程，给了那些从事学术研究者一个最有力的说明：真正的学术研究是不可能一蹴而就的，只能循序渐进，一步一个脚印踏踏实实地走过来。这些文章可以说形成了一个“我与”系列，其共同特点就是作者本人的“夫子自道”。而这些作者在各自的研究领域里都取得了较高的学术成就，由他们来现身说法，介绍自己的治学经历、研究方法、著述中的酸甜苦辣，堪称“经验之谈”，不仅内容生动、具体、详实、感人，且最具说服力，非个中人所不能道，故弥足珍贵，对后学探寻治学门径极具启迪意义。

这些文章在《书品》上陆续刊出后，得到了广大读者的一致好评，他们通过各种方式希望我们能继续组织和发表这类文章。说到这里，我不禁想起了胡厚宣先生。他是我国治甲骨文的大家，并实际负责主编了《甲骨文合集》。为此，我曾专门约他撰写《我与甲骨文》的专文。他对这个题目很感兴趣，表示一定要写好这篇文章。我知道他的事情多，便过一段时间就催问一次。他先告诉我材料已经准备好了，又告诉我已写出一部分了，又说已写出一半了，写出多一半了，直至告诉我已基本完成，就差结尾了。可就在这时，他却因心脏病突发而猝然离世了。事后由他的儿子找到了该文，补上结尾交《书品》发表了。这总算了却了我一桩心事。

除此之外，还有一些由作者本人写的评介文章，也引起了读者的极大兴趣。如孙楷第先生的《写在〈沧州后集〉出版之后》（见1986年第二期），傅璇琮先生的《〈唐代诗人丛考〉馀论》（见1986年第四期），罗尔纲先生的《困而后知通博》（见1987年第二期），张岱年先生的《关于中国哲学史方法论的思考》（见1987年第四期），邓广铭先生的《关于订补〈陈亮集〉的经过》（见1990年第二期），何建章先生的《我读〈战国策〉》（见1990年第三期）。这些文章虽未名曰“我与”，但却异曲同工，可等量齐观。

在对一些重要的专著的评介方面，《书品》突出强调的是实事求是、品优评劣。如杨志玖、张国刚撰写的《一部有分量的唐史专著——读〈唐五代赋役史草〉》（见1988年第四期）一文，以严肃、认真、求实的科学态度，对《唐五代赋役史草》一书的特色、价值、贡献及不足之处作出了恰当的评价，足资研究者和读者借鉴和参考。詹锳先生的《王琦注〈李太白全集〉评介》（见1989年第二期）一文，结合自己长期从事李白诗文研究的经验和成果，着重就王琦注本的版本、内容、特点、优劣及该本与其他版本的不同作了详细的介绍，指出了标点本《李太白全集》中的一些不足和问题，对于研究人员极有帮助。裘锡圭先生的《评〈殷墟甲骨刻辞类纂〉》（见1990年第一、二期）一文，在首先肯定了该书的优点和价值以后，以大多数的篇幅，就该书在取材范围、释字、刻辞的摹录、释读、字头的确定以及字头和辞条的编排等方面存在的问题和不足，一一举例加以辨析和指正，为读者正确使用该书提供了极大的帮助。徐规先生的《〈四朝闻见录〉记事纠谬》（见1990年第四期、1991年第一期）一文，就自己在阅读中发现的该书在记事中的一些失误，一一择要列出，并用按语的形式，举例加以辨析说明。张子开先生的《点校本〈宋高僧传〉撷瑕》（见1995年第一期）一文，对该书存在的体例不一、断句失当、漏校误校等问题，逐项列举指正，实事求是地予以批评。这些文章确实在“品”字上下了功夫，体现了《书品》的宗旨，代表了杂志的风格。

《书品》还很重视对丛书的宣传和评介。赵守俨先生的《〈古逸丛书〉今昔谈》（见 1986 年第三期）一文，详尽地介绍了《古逸丛书》编印的缘起，初编、二编、三编的编选出版过程及其在编选和印刷中的同异，使读者对这套丛书有一个整体的把握和认识。程毅中先生的《谈〈中国古典文学基本丛书〉》（见 1988 年第二期）一文，分两部分向读者作了介绍。前一部分重在介绍这部大型文学丛书的编纂缘起、出版情况和整理加工上的一些做法；后一部分则着重提出了丛书在编纂中遇到的一些问题，如选目、标点、校勘、注释等方面存在的问题，以期能够收集广大读者的意见，集思广益，不断改进工作，真正编好、出版好这套丛书。此外，杨正泰先生的《〈中国古代地理总志丛刊〉评略》（见 1988 年第一期）、谢方先生的《〈中外关系史名著译丛〉的来历和今后的打算》（见 1989 年第一期）、陈金生先生的《〈新编诸子集成〉编辑琐谈》（见 1991 年第三期）、徐苹芳先生的《〈中国古代都城资料选刊〉评议》（见 1992 年第一期）等文，也分别就这些丛书的编纂历史、出版现状及未来的设想等作了详细的介绍，并对已出版的图书的价值和作用给出了中肯的评价，对读者了解这些丛书的编辑和出版全貌极有帮助。

《书品》还发表过一些怀人记事的文章。当然了，这些文章也是紧紧围绕着一部书的出版过程展开的。如谢方先生的《二十六年间——记〈大唐西域记校注〉的出版兼怀向达先生》（见 1986 年第一期）一文，首次将《大唐西域记校注》一书由最初组稿到最后出版，二十六年间经历过的政治上的风风雨雨和人员的前后变动这些鲜为人知的历史事实作了真实、详尽的报道，令人读后不能不掩卷深思。李思敬先生的《重读〈龙虫并雕斋文集〉书后》（见 1986 年第三期）一文，以真挚的感情和具体而微的事例，回忆了他的业师王力先生一生从事学术研究及其取得的辉煌的成就和一些感人的事迹，使人读后倍感亲切而又深受教益。

《书品》除品书以外，还开辟有“国内外图书馆馆藏汉籍简介”和“古籍小常识”这样两个栏目，以期增加这本小刊物的知识性和信息量。十年来，我们先后发表了介绍国内外重要图书馆及藏书机构收藏汉籍的文章共四十篇。国内部分包括北京图书馆（现国家图书馆）、中国科学院图书馆、辽宁省图书馆、南京图书馆、天津图书馆、山东省图书馆、台湾“中央图书馆”和北京大学、清华大学、南开大学、复旦大学、华东师大、中国人民大学、厦门大学、四川大学、南京大学、杭州大学、东北师大、北京师大、中央民族学院、吉林大学、陕西师大等高校图书馆及香港大学冯平山图书馆、海源阁、天一阁等藏书胜地。国外部分包括法国巴黎国家图书馆、英国国家图书馆、剑桥大学图书馆、美国哥伦比亚大学图书馆及其他一些大学图书馆、日本皇宫内图书馆等重要收藏单位。通过这些文章，读者不仅可以大致了解和掌握每个图书收藏单位的中国汉籍特别是古籍收藏情况和收藏特色，更重要的是可以从中及时地收集到一些难得的信息。如有些文章介绍了一些鲜为人知的珍贵、罕见的秘籍的收藏情况，不仅可以沟通和加强图书馆界与学术界之间的联系，而且还为学术研究提供了重要的信息和帮助。因此，这些文章的发表，深受广大读者的欢迎和好评。

此外，介绍古籍小常识的文章共发表了七十多篇。这些文章短小精悍，内容活泼，知识性强，且自成系统。一般篇幅在千字以内。文章涉及古籍的数量、装帧、装订、版式、刻工、印章、字体、分类法及校雠知识、版本知识、丛书和类书方面的知识，以及历代石经方面的知识等，可谓琳琅满目，异彩纷呈。这既可为广大古籍爱好者提供和积累相关方面的专门知识，又可以扩大《书品》的容量，增加知识性和趣味性。

十年来，《书品》在宣传和介绍本版图书，弘扬祖国优秀传统文化，开展实事求是的图书评介，沟通作者、编者、读者三方的联系方面，做了许多有益的工作，取得了不小的成绩。四十本杂志摆在那里，这本身就是一个最好的说明。之所以能取得这样的成绩，首先要感谢十年来一直关心、爱护和帮助我们的社会各界的广大读者。尤其要感谢一直为我们刊物撰稿的广大作者。没有他们的积极参与和帮助、支持，就没有《书品》的今天。

在这样一个值得纪念的日子里，我想到了赵守俨先生，他是《书品》的第一任主编，他为《书品》的健康成长和发展奠定了坚实的基础。我曾有幸在他的直接领导下为《书品》整整服务了七年。在这当中，我和他一起想《书品》所想，急《书品》所急，在他的帮助和指导下，克服了许多的困难，使《书品》这棵幼苗不断成长，在学术评论的园地里站稳了脚跟。我自己也同《书品》一道成长，经受了锻炼，增长了才干。今天，《书品》创刊十年了，我多想和先生一起分享这份喜悦啊！又多想再听听他的意见啊！可他却因病过早地离开了我们。我们只有继承先生的事业，把《书品》办得更好些，以告慰于先生。

1996 年 3 月 12 日

哲人其萎　抢救当行

——我与《学林春秋》

《学林春秋》是我三十多年编辑生涯中主编的第一部书，也是最重要、最有价值、最有故事且影响我最大的一部书。可以说它决定了我一生的编辑事业。故事还得从二十世纪八十年代说起。

《学林春秋》书影

1986 年中华书局创办了一份新的杂志——《书品》，是专门品评、介绍中华版图书的。著名学者、编辑家赵守俨先生是主编，我是责任编辑。在创刊号上发表了杨伯峻先生撰写的《我和〈左传〉》，颇引起了一些反响。许多读者来信谈了自己的读后感，认为杨文生动、扼要地介绍了自己几十年来研治《左传》的经历、经验和甘苦，实则是一篇个人治学经验的总结，读来亲切、感人，如同和作者当面交谈，对广大后学探寻治学门径颇有启迪。我当时就注意到了这些反馈，认为应该以此文为滥觞，主动约请一些著名的老学者撰写回顾、总结治学经验的文章，以供广大读者和后人学习和借鉴。我把这一想法向领导讲了，得到了他们的鼓励和支持。那时我还很年轻，领导一肯定，我的工作热情就十分高涨。我马上想到了陆宗达先生是研治《说文》的权威，好不容易打听到了他家的住址，骑车就奔了北师大。陆老本不认识我，但我敲开了房门并自报家门后，他老人家很客气地把我让进客厅。我说明来意，想请他写一篇《我与〈说文〉》。因为此前我已把《书品》寄呈他老人家了，他便爽快地答应了。初战告捷，我大喜过望。不久又如法炮制，骑车直奔北大，拜见周祖谟先生，约写《我和〈广韵〉》。因周先生与赵守俨主编十分熟悉，又颇为赞赏《书品》，也同样爽快地答应了。之后我又去看望王锺翰先生，因为他在书局参与点校《清史稿》多年，与中华书局感情很深，自然应承撰写《我和〈清史稿〉与〈清史列传〉》。这些文章陆陆续续在刊物上发表后，赢得不少读者的赞扬。我本想再接再厉多组织几篇这样的文章，无奈确因“以评介中华本版书为主”的办刊宗旨的限制，一时找不到那么多合适的选题、作者而未果。其后，也就是在1992年年底，我因工作的需要，离开了《书品》，调入国务院古籍小组办公室，参与创办新的大杂志《传统文化与现代化》。由于刊物的性质不同，再加上工作很忙，我一时真有点顾不上这个选题了。但是，就在我离开《书品》之前，我曾当面约请胡厚宣先生撰写《我和甲骨文》一文，他老人家对这个题目很感兴趣，一口答应了。但文章多是催出来的，我工作变了，胡先生又忙，这篇文章实际上没了下文。一直到了1994年，有一天我去看望胡先生，提到了这件事，他告诉我已写了三分之一了。我便说您还是赶快把它写出来吧。这可是您一生研究工作经验的总结啊！他听了很赞同，表示一定写出来。又过了一段时间，先生告诉我已写了一半了。我当时认为，他老人家身体很好，会写完的。直到1995年先生生病住院前，还在电话中告诉我就差一个结尾了。我本想等他出院后加上个结尾就行了，孰料他老人家竟因心脏病猝发而辞世了。后经我提醒，由他的儿子翻检出来并加以整理誊清，才得以在《书品》上刊出。文章总算问世了，但此事却引起了我极大的震动。我想起了此前去世的俞平伯、缪钺、吴组缃、容肇祖等先生，我当时怎么就没有想到请他们撰写学术回顾文章保存下来呢？我进而想到，现在确还有一批老先生健在，但他们毕竟年事已高，身体状况也是每况愈下，如不能及时地将他们的宝贵的治学经验抢救下来，将是中国学术界无可挽回的重大损失！

想到这里，我再也坐不住了。我感到我有责任、有义务尽快地把这些老先生一生积累下来的宝贵的治学经验总结并传播下去。但具体应该怎样做呢？我首先想到应该开列一个撰者名单，根据每个人的研究领域确定题目，其后便是确定文章体例和提出内容方面的要求。我考虑虽然是以回顾治学甘苦、经验和体会为主，但为了让读者对这些作者本身能有所了解，还应强调写一点个人简历和师承的情况，以便读者能对学术传承和影响有一个基本了解。有了这些构想，考虑到既然是抢救性质，便确定先以组织八十岁以上的著名学者为准。由于我平时在工作中比较注意和这些老先生的联系，所以很快就列出了一个基本名单。但我一个人毕竟知道的有限，于是便拿着名单向许多先生征询意见。如先后不止一次地征询过谢方、傅璇琮、徐苹芳、金开诚、袁行霈、裘锡圭等先生的意见。他们对我的这一计划都极表赞成，并为我添补了一些不应遗漏的人名。有了这个名单，我便可以“按图索骥”开始联系了。当然，这项工作只能算是我的副业，我必须在完成主业——《传统文化与现代化》双月刊的繁忙的编辑工作之后进行。我把名单上的作者分成两类，一类是本市的，一类是外地的。本市的我多半采取登门约稿的办法，可以把我的想法和要求当面向他们提出来，并听取他们的意见。于是我先后走访了邓广铭、周一良、季羡林、张岱年、阴法鲁、王永兴、侯仁之、林庚、钟敬文、何兹全、张政烺、王毓铨、杨向奎、王锺翰、马学良、任继愈、瞿同祖、吴宗济、周有光、顾廷龙、单士元、傅振伦、周振甫、王利器、王世襄等先生。记得当我把这一想法第一个告诉邓广铭先生时，他高兴地说：“你的这个想法太好了。对这些老人是要抓紧抢救才行，否则就来不及了。给我出的题目是什么呀?”“当然是《我和宋史》啊。”“这个题目很好！很适合我，我一定写。”其后，没过几天他便住院了。我同他的女儿邓小南联系，希望由先生口述，她记录整理。但先生不愿意这样做，他说医院的环境不适合写文章，“我要早些出院，回家给张世林写那篇文章”。孰料没过多久，先生竟去世了。我不仅再也见不到先生了，而且他老人家一生积累于胸的研治宋史的宝贵的经验、教训和甘苦也无法传给后人了。这是我国学术史上一个无可挽回的巨大损失！每一念及，辄倍感疼惜。但天道酬勤。1999年2月，我去北大参加纪念邓广铭先生逝世一周年的大会，会上他的长女邓可因女士在发言中提到：九十年代初的一天，父亲把我叫到身边，说要口述一篇文章，由我记录整理。待文章整理好后送父亲修改，他改好后却一直没让发表。前些天整理父亲的遗物，从箱子底下翻出了这篇文章。言者无意，而听者有心。待大会一散，我赶忙找到她，说我很想看看这篇文章。过了几天，收到了她寄来的文章。打开一看，真让我喜出望外，题目是《我和辛稼轩的因缘是怎样结成的》，正与我的要求暗合，内容刚好讲述了他研治辛稼轩的始末及心得体会，完全符合《学林春秋》的编辑要求。真正是所谓“冥冥之中，自有天助”！这总算了却了我一桩心愿。单士元先生是1998年5月去世的。在他生前已把我约写的《我和故宫》大体上写好了，只差一个结尾，不幸他老人家走了。结尾是他的女儿加上的。王利器先生本来答应写《我和古籍整理》一文，但那一段时间身体不好，眼看发稿时间到了，我便打电话催，先生说一个月后可以交稿。谁知，二十多天后竟接到了他去世的讣告。侯仁之先生、林庚先生、阴法鲁先生、王毓铨先生等，都因健康原因而撰稿未果。侯仁之先生后来几次跟我说起他很想写《我和中国历史地理》，但自己现在写不了，要等他的女儿回来帮他写。可这却成了他的终身遗憾。周一良先生对《我与魏晋南北朝史》极感兴趣，却因骨折而不得不放弃了。但他还是就魏晋南北朝的政治、经济、文化三方面各写了一首小诗加以概括、总结，附在中华版《学林春秋》的书后。先生出院后，我又常去看望，其实心里还是惦记着那篇稿子。他老人家早已看出了我的心思，待身体好些后，便请人记录整理好后交给了我。我那颗悬着的心总算放了下来。

季羡林先生对我的帮助是最大的。他不仅答应写《我与东方文化研究》，还关切地问我请没请张政烺写？我说请了。“那请没请林志纯写？”我说：“没有，不知道他的联系方式。”于是先生把他的地址告诉了我。我后来和林先生联系上了，并拿到了他写的文章。我在拜访何兹全先生、任继愈先生、马学良先生时，他们都问我请没请张政烺写？并说一定要让他写。可见张先生的学问是有目共睹的。我最初去看望张先生时，考虑到先生学问渊博，到底请他写哪方面呢？最后我和师母商定就请他写《我和古文字》吧。先生听了说：“好吧！我写。”

外地的作者我则一律采用函约的方式，辅之以电话。已数不清写了多少封信，打了多少次电话了。幸得多数先生的厚爱，总算都允诺了。

稿子虽然都约了，作者也都答应写了，但真要想拿到这一篇篇文章，谈何容易！因为这些先生手头要写的东西很多，且都年事已高，有的已经写不了那么快了，有的自己动不了笔了，有的文章还没开头，人却住进了医院。总之，不催是不行的。干了这么多年的编辑工作，一个最大的体会就是：文章都是催来的。“催稿”是编辑工作的“不二法门”。谁催得紧，作者就先给谁写。会哭的孩子有奶吃嘛。所以，那个时候我每天都要写好几封信，打好多个电话。因为我是在做“抢救”工作，不催不行啊！饶宗颐先生远在香港，我接连去了两封信不见回音，于是又写了第三封，他老人家方才答应。我后来又写信催，总算拿到了他的大作。赵俪生先生最初答应得好好的，可真要动笔写了，却因白内障不得不住院做手术，并于术前写信告诉我说，这次他实在不能写了。我回信表示安慰，并说如术后恢复得好请再写不迟，这部集子一定要等先生的文章。过了一段时间，终于收到了他的稿子。要说写信和打电话给谁最多，是史念海先生。我也是接连去了好几封信，他才答应了。此后都收到好几位先生的稿子了，却没有他的消息。我赶紧打电话去催，他说时间太紧了，抽不出工夫。我不依不饶，先后打电话催问，他才说已开始写了。过了些天，忽然接到先生的一篇来稿，心头大喜，打开一看，题目是《〈周礼·考工记·匠人营国〉的撰著渊源》，是他主动投来希望发表在我编的《传统文化与现代化》上的（已刊于1998年第3期）。我怕他老人家又主动给什么人投稿，便接连打电话。他这才把文章写完寄给了我。后来我有一次去看望何兹全先生，他告诉我史先生对他说：“我有一阵子最怕接张世林的电话，怕他催稿子。可真过了那阵子后接不到他的电话，又觉得不对劲儿。还是希望他多催催我。”何先生说“我们都有这种感受”。这就是编辑和作者的关系。

就这样，文章总算一篇一篇地被催来了，接下来当然就是争取尽快出版。为此，我每收到一篇稿子，便马上进行审读和编辑加工。看过稿子后，我感觉还缺点儿什么。如何才能更形象、更传神地表达出这些大学者的风采和学识呢，如何才能使广大读者对这些老先生有更直观、更深刻的了解呢，我决定在每篇文章之前，加一张作者近期的生活照片，在照片下放一帧作者亲笔题写的治学格言，同时注明他们的工作单位和职称。

在排目录时本想按文、史、哲分类，但有些文章内容比较丰富，往往兼有他类。最后我接受了傅璇琮先生的意见，按作者年齿排序。书名叫什么呢？谢方先生提议叫《学林春秋》，因为“春秋”即史。我欣然采用了这个书名，并请顾廷龙老先生题签。

行文至此，《学林春秋》一书已经编好了，共收了四十位老先生的文章，交付中华书局出版。紧张的组织、编辑工作总算告一段落，我也应该休息一下了。但干工作有时会上瘾，特别是当你被自己编织的理想所笼罩，心中的憧憬十分强烈的时候。此时的我便处于这样一种状态。我在想，编这部书的目的是为了什么呢？固然是为了把这批老先生的宝贵的治学经验及时地抢救下来，为后人治学提供借鉴和帮助。同时，二十世纪即将过去，我们应该对本世纪的中国学术史加以总结。除了上面那批老先生之外，现在年龄在六十以上八十以下的这批学者，是承上启下的一代，为二十世纪中国学术史的发展同样作出了重要的贡献。要是能把他们中的著名的、有代表性的学者的治学经验和体会一并记录下来，二十世纪中国学术史的基本面貌就大体具备了。

这样一想，我又被自己所描绘的前景深深地吸引住了。于是乎，我忘记了疲劳，忘记了艰辛，又开始了新一轮的竞赛：一定要争取在2000年到来之前予以出版。此时，剩下的时间只有一年多了，而工作量却大出了许多。好在有了前面的工作经验，无非是又吃一遍苦，重受一番罪。但当我把历尽千辛万苦催来的九十多篇稿子，按七十以上八十以下和六十以上七十以下编成两卷时，同时将新收来的几篇八十以上的文章补入中华版的《学林春秋》中，三卷共收入文章近一百三十篇、一百五十万字。于是我决定将所有文章按作者年龄依次编为《学林春秋》初编、二编、三编，每编分为上下两册。又因此时我已调入朝华出版社，所以于1999年年底由朝华社推出了全书六册。我终于保质、按时完成了自己给自己强加的任务，也从此明确了自己的编辑工作方针——抢救文化遗产。要知道，人生是短暂的，而明确自己的工作和奋斗方向却是至关重要的。舍此，有可能一事无成。

抚今追昔，《学林春秋》已出版了十五年。我想起了该书作者之一、已故著名学者金开诚先生说过的话："在世林同志下定决心之后，曾和我谈过编集《学林春秋》的全部设想并征求意见。我认为编这部书很有意义，但难度很大，可能完不成。我说，无论是八十岁以上、七十岁以上、六十岁以上的人，你去征稿总会有人应约交稿；但此书的特点和价值在于一个'全'字，而由于种种原因，所约稿件全部到手是不大可能的，结果很可能挂一漏万，到那时你便进退两难了……常听人说'想干点实事'，但往往干了一段便知难而退或见异思迁了。因为'干实事'虽然吸引人，却也实在不容易，没有比较坚定的奉献决心是干不成的。"（《为学术史抢救一份遗产》，载《中华读书报》2000年6月21日第11版）这就是先生对我的鼓励和鞭策。我永远也忘不了当我把六大本书放到先生面前时，他脸上释放出的惊喜、兴奋的表情。我还想起了著名学者徐庭云先生对本书的评价："世纪之交，一套记录一个世纪以来我国人文科学发展历程的鸿篇学术著作——《学林春秋》及时问世……早在明、清之际，我国著名的史学家、思想家黄宗羲写下了我国最早的有系统的学术思想史专著——《明儒学案》，至今不失其学术价值。或许，一个世纪后，这部《学林春秋》的学术价值，当可与《明儒学案》相媲美。”（载《光明日报》2000 年 6 月 8 日 C2 版，署名辛夷）这样的评价可谓高矣。

十五年来，书中的许多作者已先后离我们而去了，初编中的四十四位作者，硕果仅存的只有周有光和饶宗颐两位老先生了。二编、三编中也有多位作者辞世了。但值得庆幸的是，他们的宝贵的治学经验记录下来了，并将为后人学习和借鉴。他们的英名将会被永远载入二十世纪的中国学术史。我有幸赶上了，并做了一件编辑该做的事。回忆往事，真是痛并快乐着！

2013 年 12 月 22 日于京北传薪斋

高山仰止　再谱新篇
——我与《学林往事》

干工作有时真的会上瘾，一旦上了瘾，不但辛苦和困难不在话下，还总是不知足，总要想方设法地往前冲，去扩大战果，开拓新局面。我编《学林春秋》的时候就是这样。本来我是有感于一些老先生的相继辞世，未能把他们的宝贵的治学经验记录下来而深感遗憾，于是提出要编《学林春秋》，组稿对象就是那些还健在的老先生。当我费了九牛二虎之力，终于将收有四十位老先生的文章结集为《学林春秋》，交由中华书局出版的时候，我不是大大地松了一口气，可以好好地休息一阵了，而是精神还在极度亢奋之中，脑子就是不肯闲下来。原先想的就是要把这些老先生的宝贵的治学经验抢救下来，可这时候刚好是在二十世纪的末年，即1998年，我的脑子不知怎么就一下子想到不只是抢救老先生们的治学经验，还应该抢救整个二十世纪中国学术史的重要资料。于是乎我未敢稍息，迎难而上，继续单枪匹马地开始了第二轮组编大战，即开始组织、编辑八十岁以下、六十岁以上的著名学者的治学回顾。这样我又先后发出了一二百封约稿函，工作量较之先前整整增加了一倍。何况这些工作只能算是我的副业，绝不能影响我的主业——编辑好古籍小组主办的大型学术期刊《传统文化与现代化》（双月刊）。这样的工作在外人看来只能是自找苦吃，而我确是乐在其中。何以如此？就是上瘾了。表现之一就是不仅不知疲倦，大脑中枢极度兴奋，会生发出一些新的想法。组编《学林春秋》时曾规定，文章应包括个人的简历、师承和治学经验三部分，重点是写后一部分。当文章陆陆续续寄来，我在一篇一篇认真阅读的过程中，除了被他们那宝贵的治学经验深深地打动外，他们在文中谈到自己的老师对其治学和为人的影响及帮助的情况，也给我留下了深刻的印象。只是文中按要求未能详述，但这些大师的境界和业绩则应该记录下来，介绍给今天年轻的读者，使他们知道老先生们的学有所自。再有，这些大师的治学活动基本上始于二十世纪的上半叶，与他们的学生和弟子，即《学林春秋》的作者的治学活动正相衔接。由此我又生发出了一个新想法：再组织一套专门介绍已故的学术大师的治学和为人的文章，旨在与《学林春秋》配套，为研究和总结二十世纪中国学术发展史提供较为系统、完整、可信的基本史料。

主意已定，还是说干就干。当我把这一想法告诉金开诚先生时，他也认为这是一个很好的创意，但对成功确有点将信将疑。我则马上着手了，因为我很清楚自己在做的是一项抢救文化遗产的工作，和这些大师接触过的学生和弟子已经为数不多了，且多已是耄耋之年了，再不及时抢救，怕是要悔之晚矣。当然了，有些已故大师的轶闻和故事已散见于一些书刊之中了。对此，我在确定作者时采取了十分谨慎的态度，首选的是这些大师的嫡传弟子或和大师共过事的同事，其次是大师的子女和亲属。同时强调，一定要写过去没有写过的事情，要紧紧围绕大师的治学和为人这两个方面来叙述，既要避免与早先发表过的文章雷同，又能与《学林春秋》的内容衔接。我连书名都已经想好了，就叫《学林往事》。

此时，《学林春秋》一书的组稿和编辑工作还在进行中，又加入了《学林往事》一书的组稿工作，其忙可想而知。不过，好在前一套书的许多作者就是后一套书的最佳作者。例如蔡尚思写蔡元培、王锺翰写孟森、程千帆写黄侃、吴宗济写赵元任、季羡林写胡适、杨明照写郭绍虞、史念海写顾颉刚、任继愈写汤用彤、张岱年写冯友兰、邢公畹写罗常培、王永兴写郑天挺、刘又辛写罗庸、杨志玖写向达、马学良写李方桂、冀叔英写赵万里、徐规写张荫麟、祁龙威写金松岑、佟柱臣写金毓黻、周振甫写钱基博、张勋燎写蒙文通、张岂之写侯外庐、高明写唐立庵、方龄贵写邵循正、赵俪生写王瑶和冯契、卞孝萱写范文澜、周勋初写胡小石、林沄写于省吾、缪文远写徐中舒、唐作藩写王力、王尧写于道泉、王敦书写雷海宗、陈得芝写韩儒林、徐苹芳写夏鼐、邹衡写郭宝钧、王水照写钱锺书、邹逸麟写谭其骧、龚克昌写陆侃如、严蓉仙写冯沅君、曹道衡写何其芳等等，真可谓是非他们莫属！他们和所写的人都有直接的师承或亲身的接触。当然了，真正组稿时是不可能一帆风顺的。比如谁来写胡适？最合适的人选是邓广铭先生了，可还没容我有这一想法，他老人家就已归道山了。余下的人选当属何兹全先生了。当我把这一想法说给他时，他说之前已写过一篇九千多字的介绍胡先生的长文发表了，眼下没有什么新内容可写了。找年轻一点的研究胡适的专家写吧，可他们根本就没见过胡适，只能是转述。最后我想到了季羡林先生，因为他在北大东语系当主任时，与校长胡适应该有过不少接触。当我把这一情况向他老人家汇报后，问道："这书中少了胡适行吗？"季老明确地告我说"不行！"并说环顾左右，只有他和胡适有过接触。于是，季老只好放下手边的工作，来写介绍胡适的文章了。

再有，有些大师一时实在找不到合适的弟子或学生来写，就只好请他们的家人执笔了。如魏至写魏建功、浦汉明写浦江清、游宝谅写游国恩、黎泽渝写黎锦熙、齐文心写齐思和、郑一钧写郑鹤声、缪元朗写缪钺、何孔敬写朱德熙等等。他们的文章也是情感丰富、内容翔实、持论公允之作。

书中的文章不论篇幅长短，都有一个共同的特点，就是人物性格鲜明，内容具体生动，感情丰富细腻，事迹感人至深。你会从一篇篇文章中看到上一代真正的学人，他们为了追求真理，传承学术，弘扬中华文化和人类文明而历经坎坷，饱受磨难，一心向学，矢志不渝，奋斗终生。在他们身上集中体现了中国文人特有的“自强不息，厚德载物”的君子之风，足以昭示后人怎样为人与治学。

林沄先生写于省吾老常常感慨一个人越学越真切地感到自己的无知，为此，他每天早上三四点钟就起床开始学习和写作，长年不辍。他在书案上压着自己手书的“学到老，学不了”作为座右铭，生动地说明了学习是永无止境的。王力先生是学贯中西、著作等身的大师，他在晚年还写出了多部重要的学术著作。他除了授课、带研究生外，还要参加各种会议和社会活动。他是哪来的时间从事研究和写作的呢？作为王老的弟子，唐作藩先生介绍说，他老人家从不浪费每一分钟，从外面开会回来，离吃饭哪怕只有十几分钟，他也要坐到书桌前，抓紧学习和写作。而其他人则会认为这一小段时间不好利用。这也是王老治学有成的一条经验。胡适先生曾经做过中华民国政府派驻美国的大使和北京大学的校长，但他真正感兴趣的还是学术研究。季羡林先生介绍了一件亲历的事情。有一次，胡适到北京图书馆参加一个会议，季先生也出席了。刚一到会，胡便声称过一会还有一个更重要的会议要出席，只能中途退场。但当会议的话题转到他正在研究的《水经注》问题上来时，他便滔滔不绝地讲了起来，直到散会还意犹未尽，早把他要参加的那个更重要的会议忘得干干净净了。可见，他毕竟是学者。李方桂先生是享誉世界的语言学大师。他品德高洁，淡泊名利，一心向学。当年他在史语所时，其老友傅斯年受中研院院长朱家骅委托，想请他出任民族学研究所所长。李先生先是听而不闻，继而才藐视地说："我认为研究人员是一等人才，教学人员是二等人才，当所长做官的是三等人才。"傅先生听后躬身退出，口中喃喃道："谢谢先生指教，我是三等人才。"马学良先生在文中就是这样描绘了李方桂的一个侧面的。在中国现代传记文学和中国文学批评史两个领域都作出了具有开创意义和贡献的大家朱东润，不仅学识渊博，还是一位耿介之士。在"文革"时期，就在批斗他的大会上，他不仅始终不肯低头，甚至敢于和按他头的人扭打起来。在批斗中，他也敢于公然宣称，他对毛泽东书法的看法"和一般人是不同的"。这也就难怪他后来在一次会议上公开批评陈寅恪先生的《柳如是评传》，认为不宜以洋洋八十万言为一个妓女立传，使得坐在台下的寅恪先生的门人蒋天枢当场拂袖而去。因为按他的意思，传记首先应该用以表彰仁人志士，激扬民气。骆玉明先生笔下的朱东润有十分倔强的一面。于道泉先生不仅是研究藏学的大家，还是中共早期的党员。他从国外学成回来后，一直从事教学和研究工作，从未想过恢复组织关系。

他认为革命胜利了，共产党成为执政党了，个人再要求恢复组织关系，不过是想做官罢了。所以再未提出申请。这就是王尧笔下的于道泉先生。学识渊博的魏建功先生，解放后一心听共产党的话，认真改造自己，以至于下面的人给他起了个外号叫“跟党走”。“文革”中他被利用，进了“梁校”写作班子。“文革”后期，当人们认清了这场运动的性质而怨声载道之时，有一天一位学生去看他，他还在讲“大革命”对他的教育。这位学生起初以为他在讲 1927 年的大革命，后来才听明白，他是在说“文化大革命”对他的教育。这件事后来成了笑柄。他知道后，才沉痛地说：“我又跟错了。”看到魏至先生写他父亲的这一段，我的心在流血。是谁把这样的大学者坑害到这般田地？难道不值得人们深思吗？

最后，我想说明的是，该书一共收文一百零二篇，介绍了近一百一十位已故学术大师的治学经验和逸闻轶事，与《学林春秋》合而观之，共介绍了活跃于二十世纪各个时期的中国重要学者近二百四十人，庶几为研治和总结二十世纪中国学术发展史的人们保存并提供一份比较系统、准确和完整、可信的研究资料。果能如此，则吾愿足矣！

行文至此，我忽然想到应该回应文章开头的那句话，这两套书真的就是我那一时期工作上瘾的明证和结果。

2014 年 1 月 15 日凌晨于京北传薪斋

抢救遗产　一以贯之

——我与《名家心语丛书》

在主编《名家心语丛书》之前，我刚刚主编并出版了《学林春秋》和《学林往事》两部大书，由此确立了我“抢救文化遗产”的编辑方针。但这两部书都是由一篇篇文章结集而成的，具体说，前者是由近一百三十位著名学者撰写的回顾治学心得体会的文章，结为六卷出版的；后者是由近一百一十位著名学者撰写的回顾他们的老师的治学心得和遗闻轶事的文章，结为三卷出版的。这两部书分别于1999年和2000年面世。转眼到了2001年，我就考虑：在新的一年里、新的世纪开始之时，我的编辑工作将如何展开。像上述两书那样地在全国范围内全面铺开组织、编辑出版的工作是可以告一段落了。但由此揭开的抢救文化遗产的工作于我而言则是刚刚起步，任重而道远。不过我要改变一下编辑方法了，即由组织每人写一篇文章改为每人写一部书。那这第一部书稿组织谁写呢？我自然而然地想到了季羡林先生。

当我坐在季老的面前向他汇报了我的编辑新构思后，他老人家一如既往地予以充分的肯定，并明确地表示要把他今年结集的第一部书交我出版。同时还说今后他的新著一律交我出版。先生对我真是无比厚爱，信任有加。很快我便拿到了先生交给我的《千禧文存》书稿，这是他在2000年撰写的大部分文章的结集。经过紧张的编辑加工后，《千禧文存》于2001年5月出版了。那一年先生刚好九十岁。

《名家心语丛书》部分书影

最初向先生组稿时，我还没有想到编辑一套丛书，但却想到了要同时向学界的一些老先生组稿。《千禧文存》的顺利出版，使我受到了启发和鼓舞：何不以此书为滥觞，组织一批老先生的书稿编为一套丛书出版呢？这一想法又得到了季先生的肯定和支持，他为自己带了这样一个好头而十分高兴。在我征得金开诚等先生的意见并确定了《名家心语丛书》的名称后，季老满怀激情地为丛书写了“总序”。我也很快组来了第一辑中的其他四本（当时我考虑按辑组织，每辑五本），并以极大的热情和极高的效率编辑、出版了第一辑。除了季先生的书是2001年5月出版的以外，其他四部书都是当年9月出版的。《三论一谈》出版时作者何兹全先生九十岁，郭良玉先生八十八岁。《晚晴集》出版时作者侯仁之先生九十岁。《郊叟曝言》出版时作者周一良先生八十八岁，一个多月后先生就去世了。我至今都忘不了先生拿到新书后拉着我的手说："这是我出版的最快的一本书，也是最好的一本书。我还有很多东西要写啊！"可随着先生的离世，这些宝贵的文化财富就再也不能问世了。这更加说明抢救文化遗产的工作真是刻不容缓啊！《文化古今谈》出版时作者金开诚先生只有七十岁，他是这套丛书中最年轻的一位作者，可谁知道他竟于2008年年底远行了。

第二辑的五部书是2002年出版的。《婺尾集》出版时作者钟敬文先生刚好一百岁，本来有关方面要给他举办庆祝活动的，其时他已经住院了，却非常关注本书的出版。为了能让他老人家在生前看到这部书，我那时是加班加点，离开办公室便把校样带回家，一看就看到深夜。就这样，当我拿到给责编的样书后，就立刻请人带去医院交到他老人家的手上，他拿到书后非常高兴，还不忘托人向我致谢。可仅仅过了几个小时，他老人家的心脏就停止了跳动，但他走得非常安详。《晚思集》出版时作者张岱年先生已经九十三岁高龄了，两年后他老人家就走了。《竹影集》出版时作者任继愈先生八十六岁。《芸叶集》出版时作者冯钟芸先生八十三岁。我还记得当时向她组稿时，她本来不打算写，但在我的坚持下，她才同意并认真编选，除了几篇旧作，还新写了好几篇颇有分量的文章。书出版后，她买了好多本送给亲友。袁行霈先生见到我便说："你给冯先生出的书多好啊！她好久都没有出书了。

她很高兴。”没过多久，冯先生就逝世了。这也许是她生前出版的最后一本书。《霞绮随笔》出版时作者吴小如先生已是八十岁了。

第三辑的五部书出版的情况是这样的：《新纪元文存》是2002年6月出版的，作者季羡林先生时年九十一岁，该书是他2001年所写的大部分文章的结集。这也是先生信守诺言的明证。《补听集》是2003年1月出版的，作者吴宗济先生时年九十四岁，本书主要收录了他近二十年来所写的文章。《清心集》是2002年8月出版的，作者王锺翰先生时年八十九岁。《出枥集》是2002年6月出版的，作者来新夏先生时年八十岁。《浪花集》是2005年4月出版的，其时两位主要的作者和编者张允和、张兆和都未能看到该书的出版。本来2002年我即开始编辑此书，文章选好后交由两位先生审定，但就在审定过程中她们俩姐妹不幸先后辞世，时年均为九十三岁。

第四辑的五部书出版的情况是：《短笛无腔》是2004年9月出版的，作者吴冠中先生那时八十五岁。就是从这一辑开始，我的编辑思路又有所变化：既然是抢救文化遗产，就不能只局限于学术界，可以尝试着扩大到艺术界。吴先生的这部书应该视为滥觞。接下来《漫画一生》是2005年2月出版的，作者华君武先生那时已是九十岁了。书中介绍了他一生从事漫画创作的主要经历和经验，并配有他的多幅经典画作。《求索集》是2006年1月出版的，作者彦涵先生那时也已九十高龄了。本来还想组织丁聪等几位老画家写书，但都因他们的健康状况不允许而未果。《见闻随笔》是2006年1月出版的，作者周有光先生时年正好一百岁。书中记述了他百年人生的丰富阅历和深刻的感悟。《桑榆集》本来也是准备在2006年出版的，作者赵俪生先生那年刚好九十岁。但因为我被紧急派往香港工作两年多，致使该书延迟至2009年1月方得出版，而作者却已于2007年11月辞世了，未能看到该书的出版。

就上面罗列的这些情况稍加统计，我们可以清楚地看到"哲人其萎"这样一个严峻的现实：二十二位作者中大都已经离开了我们，硕果仅存的只有一百零九岁的周有光老先生和年过九旬的

作者看望周有光先生

吴小如先生、来新夏先生了。因此，当我面对眼前这二十部大作，作为一个出版人，我颇感欣慰，因为这是一笔宝贵的文化遗产，我通过自己的努力，成功地把它们抢救下来了。也许有人会说，抢救下它们来未必能创造出什么经济价值。但有谁能否认作者们是我国学术界和文化界的一代大师呢？他们的作品本身所蕴涵着

的巨大的文化价值和精神营养，难道不是我们这个社会所正需要的吗？应该说大师们的文化遗产的价值是永恒的，是不能用金钱来衡量的，也是永远值得我们继承和发扬的。一个有良知的出版人决不能看着它们在我们的眼前自然流逝。文化遗产是需要抢救的，且又是一项长期而艰巨的工作。我为自己作为一个严肃的出版人而能自觉地参与其中并做了一点点工作而倍感自豪。

2014 年 3 月 15 日于京北传薪斋

追忆季先生的《“天人合一”新解》引发的一场学术讨论

今年7月11日，是中国学界的一个不幸的日子，这一天接连有两位学术大师永远地离我们而去了：先走的是任继愈先生，接着走的是季羡林先生。他们的离去令我悲痛莫名。痛定之后，我想起了一些往事。关于任先生的我将另文追忆，我这里只想写一件自己直接参与组织的与季先生的一篇文章有关的事情。

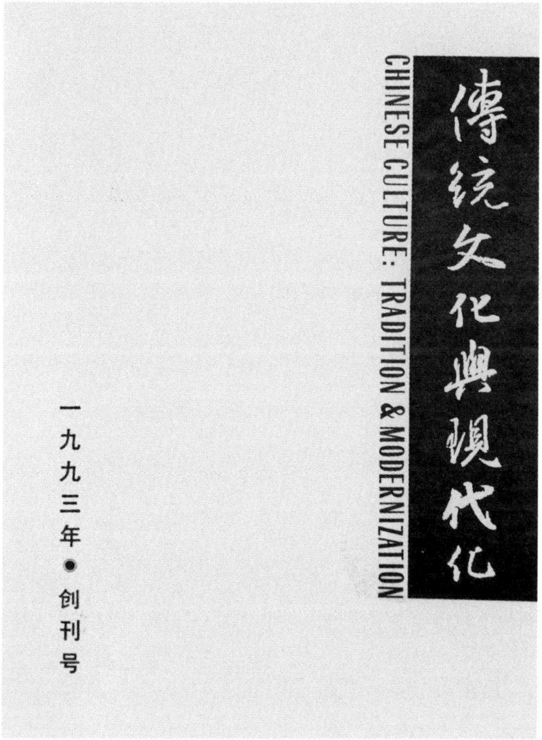

那还是在1992年11月底，我因工作需要，调入了国务院古籍小组办公室（后改为国家古籍小组），参与创办即将面世的由小组主办的《传统文化与现代化》杂志。经过一段紧张的工作之后，第二年3月杂志的创刊号出版了，上面刊发的第一篇文章就是季羡林先生的大作《“天人

合一”新解》。在这篇文章中，先生对中国古代哲学中“天人合一”思想给出了自己全新的解释：就是人与大自然的合一。“天”指的是大自然，“人”讲的是人类社会。在这之前，季先生把人类文化分成两大体系：一是西方文化，一是东方文化。中国文化属于东方文化的代表。在处理人与自然的关系方面，他认为这两种文化是截然不同的：西方的指导思想是征服自然；东方的主导思想是人与自然交朋友。“天人合一”就是这种态度在哲学上的凝练的表述。总而言之，季先生认为我们今天应该继承并发扬中国古代“天人合一”的重要思想，人类只有和大自然采取交朋友的态度，社会才能和谐发展。

季先生的这篇文章发表之后，真可以说是“一石激起千重浪”，在学术界和思想界引起了极大的反响。我们抓住这一势头，组织了一批专家学者就这一问题撰写文章，在本刊展开讨论。就这样，王毅先生写了《“天人合一”刍议》（1993 年第三期），德国汉学家卜松山先生写了《中国传统文化对现代世界的启示——从“天人合一”谈起》（1993 年第五期），金景芳先生写了《论天和人的关系》（1994 年第二期），钱逊先生写了《也谈对“天人合一”的认识》（1994 年第三期），李存山先生写了《析“天人合一”》（1994 年第四期），蔡仲德先生写了《也谈“天人合一”——与季羡林先生商榷》（1994 年第五期），李慎之先生写了《泛论“天人合一”——给李存山同志的一封信》（1995 年第二期），张岱年先生写了《中国传统哲学的继承与改造》（1995 年第二期，文中对这一问题有专门的阐述），王正平先生写了《“天人合一”思想的现代生态伦理价值》（1995 年第三期），任继愈先生写了《试论“天人合一”》

（1996年第一期），耿云志先生写了《“天人合一”别识》（1996年第四期），丁守和先生写了《“天”、“人”关系的思考》（1997年第一期），杨维中先生写了《论天人之辨的伦理意蕴》（1997年第二期），刘兵、曹南燕合写了《从西方生态女性主义的视角看中国的“天人合一”》（1998年第一期），等等。这些文章从不同的角度和不同的文化背景，阐释了各自对这一命题的理解。当然了，对季先生的观点有赞成的，也有反对的。我们把这些文章都送给先生看了，他为自己开了这样一个好头而感到很高兴，认为不管是支持的还是反对的，开展这样一场学术讨论很有意义。他后来还专门打电话给我，让我把批评他的观点的文章如李慎之的那篇复印给他，以便收入他主编的一套丛书之中。正是在先生的带动和指引下，我才开始关注这一问题，做了一些组织和编辑工作的。应该实事求是地说，由于《传统文化与现代化》开展了这样一场大讨论，在当时引起了广泛的关注，刊物也因此出了名。

作者看望季先生

在我后来同先生的长期交往中，发现他对这个问题一直有所考虑。近一两年来，他同我多次谈到“天人合一”的问题。他说：“越来越多的事实证明，大自然对人类永无满足的索取而造成的破坏，已经给予更多的报复了，我们应该充分地认识到这一点。为了真正建成和谐社会，我认为应该做到三个和谐：人与自然和谐，人与人和谐，人与内心和谐。缺了哪一样，都不能实现真正的和谐。”

这样的话，先生肯定同许多人都讲过，但我听后感觉不一样，因为我知道，这是先生一直锲而不舍地思索的结果。也是他留给我们的最宝贵的思想财富。

我把这件事写出来，作为对先生的追思和纪念。

2009 年 8 月 2 日夜

《想念大师丛书》前言

《想念大师丛书》部分书影

我为什么要编这样一套丛书呢？又为什么会以《想念季羡林》一书为发端呢？这里必须要简单说明一下。季先生是 2009 年 7 月去世的。在此前，我和许多熟悉先生的人都坚信他老人家说过的那句话："何止于米？相期以茶！"也就是说，先生一定会寿登期颐，超越茶寿的。因为我同他老人家接触比较多，早先是请他为我编的杂志写文章，后来是他将自己写的文章交我结集出书。可能是我工作比较认真的缘故吧，先生晚年多将书稿交我编辑出版。为此我们两人还有过一个口头协议。先生是言而有信，这从他把《病榻杂记》稿子交我就可以证明了。于是，我这些年来脑子里总想的一件事就是如何为先生出好下一本书。可是，世事难料！他老人家竟归道山了。更难料的是，在他的身后竟发生了一些事件，加上一些人的主观描述，使得不明真相的读者心存疑窦，给先生泼了污水。对此，我想应该为先生做点什么。一想到今年是先生的百年诞辰，且离开我们也快两年了，大家都很想念他。更主要的是，我和先生亲身接触过，直接接受过他的教诲和帮助，感受到了他的道德和人格的魅力。我认为自己有责任、有义务把这些公诸于众，也可寄托我对他老人家的深深的怀念。为此，我决定在他百岁诞辰之时，编辑、出版《想念季羡林》一书。同时，我又想到了学术界其他一些已故的老先生，因为工作的关系，我同他们也曾有过这样那样的联系，他们的道德和文章也曾深深地感染过我和其他许多人，我也曾得到过他们的帮助和教诲，我同样很想念他们，如钟敬文、顾廷龙、缪钺、陆宗达、邓广铭、吴宗济、张岱年、杨明照、钱仲联、杨向奎、钱锺书、周振甫、何兹全、胡厚宣、张政烺、史念海、启功、周一良、罗继祖、马学良、程千帆、王世襄、周祖谟、王锺翰、杨志玖、任继愈、赵俪生等先生。还有我与之接触不多或未及接触的学者如魏建功、王力、游国恩、王瑶、王季思、唐兰、金景芳、容肇祖、夏鼐、林庚、蔡尚思、朱东润、胡道静、郭绍虞、苏渊雷、王仲荦、林志纯、陆侃如、冯沅君、高亨、于道泉、金克木、王利器等先生。可以说他们都是举世公认的学术大师，对传承和发展中华文化作出过卓越的贡献并产生了深刻的影响，都是应该被我们敬仰和记忆的。虽然这批大师俱已作古，在一切向“钱”看的今天，了解和知道他们的人已是越来越少了。难道若干年后，留在年轻人记忆中的只有歌星、影星和“学术明星”们吗？对此难道我们没有责任吗？于是，我想到了自己，那就是我应该约请熟悉和了解这些大师的人，把对大师的想念之情写成文章，结集成书，介绍给广大的读者。这样我便由《想念季羡林》生发出了主编一套《想念大师丛书》的想法。好在这些大师们的亲友和弟子、学生还在，可以请他们把自己同大师们接触的感悟写出来。既然是写给广大读者和青年人看的，内容就一定要出新，不能炒冷饭；也不能只介绍学术而忽略大师的经历和为人。一句话，就是文章要有新内容和可读性。要把这些大师们不为人知的而又感人的事迹介绍出来，传播开去。主旨定下了，但怎么动手呢？也就是说，除了季先生，接下来编谁呢？干脆就从纪念大师们百年诞辰入手。于是，我马上开始组织《想念季羡林》《想念周振甫》《想念胡厚宣》等书，同时考虑策划明年将要出版的《想念张政烺》《想念史念海》等书。可有些大师早已过了百岁了，怎么办？那就逢五、逢十再编吧。可真要策划、组织、编辑、出版这样一套丛书谈何容易。但事情是我自己找的，也只能自己干。经过相当一阵的忙碌之后，总算有了初步的成果，《想念大师丛书》系列之一的《想念季羡林》就要同广大读者见面了，之二的《想念周振甫》和之三的《想念胡厚宣》也将于年内出版。此时的我真是像有人说的那样“痛并快乐着”！我相信编辑的付出可以为读者带来收获。更何况，这一大套书要是真的能编好、出好，那最终获益的不仅仅是我个人，还应该说是广大的读者，因为他们读了这套书，不止是对这些大师的道德文章有所了解，还会从大师们的身上学会做人和做事，从而为传承中华文明和建设中国文化作出自己的贡献。

2011 年 7 月 10 日

我又为季羡林先生出了一本书

——写在《想念季羡林》即将出版之际

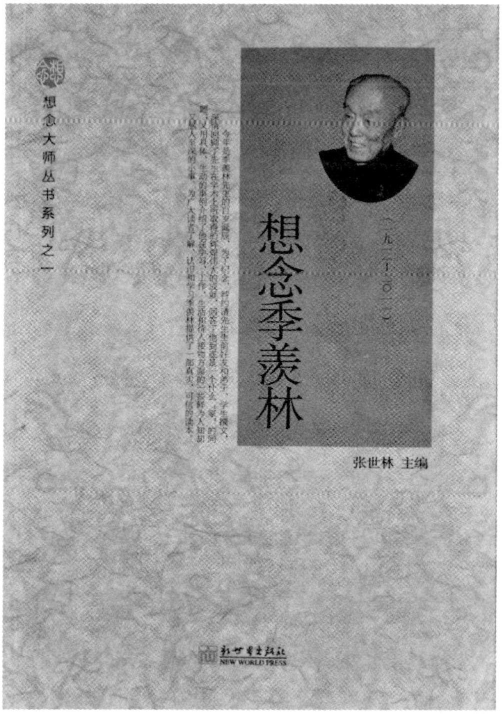

季先生离开我们已快两年了，这期间我总感到心里空落落的，尽管他晚年一直住在医院里，我还是相信他老人家说过的话："何止于米？相期以茶！"我和许多人对此都坚信不疑。但世事难料，先生竟撒手而去了。直到今天，我情感上还不愿意接受这个事实。但无情的是，我再也不能像原先那样，随时将自己的新想法告诉他老人家，从而得到他的指导、帮助和支持了。每念及此，脑海里就会重现出和先生交往的那一幕幕情景，是那样的温馨和暖人。这我都已经成为习惯了。

早在二十世纪八十年代，我就开始了同先生的接触，不过，那时我还是中华书局的一名年轻的编辑，天真地认为他与中华书

作者看望季羡林先生

局有密切的联系，我去拜访他，当不会有问题的。至于会不会打扰他或影响他的工作和写作，我好像没有多考虑，满脑子想的就是一件事，请他为我责编的《书品》杂志写稿。对我这样的要求，先生还真没有拒绝，不仅答应了，而且还准时或提前交稿。这样一来，我便像得到了他的“纵容”似的，只要一有我认为合适的选题或需要应急的文章就马上打扰先生，请求赐稿。他老人家真是一副菩萨心肠，不但应允，还会问明何时交稿才不会影响出版。其实，他多半会提前把文章寄给我。这样一来，在我编的《书品》和《传统文化与现代化》杂志里就有了先生写的那些重要文章了。真的，先生不仅文章写得快，而且还写得好，可以这样说，有了他的文章，就会产生好的、大的影响。因此不光是我，还有其他许多编辑也都纷纷请他撰稿。

正是因为先生的“纵容”，我才能和他一直保持着比较密切的联系，虽然都是为了组稿，但已不仅仅是请他给那两本杂志写文章了。我在经过一段时间的编辑工作后，有了一些新的编辑思路，需要听听他老人家的意见。

第一件事是1997年准备编《学林春秋》一书时，我把自己的想法当面跟先生谈了，他认真听完后说：“你的想法很好，确实应该做，虽然有一些老先生已经走了，但亡羊补牢，需要抓紧。你给我的任务是什么？”“就是想请您写一篇介绍研究东方学的经历和体会的文章。”“好的，这篇文章我应该写。另外，你请没请张政烺写？可不能没有他啊。”“已经请了，正在写。”“有没有周一良？”“也请了，只是担心他身体不行。”“请没请日知先生？”“没有，我不认识他，不知道怎么和他联系。”“我有他的地址，就说是我请你和他联系的。”就这样，我不仅得到了先生的文章（《我与东方文化研究》），还在他的指导下组来了林志纯（日知）先生的文章。

第二件事是我准备编《学林往事》一书时，又去拜访先生谈了我的构思。记得他听后说：“你这个想法同样很好，值得做。趁着这些老先生还健在，不然就没人能写了。胡适先生准备请谁写啊？”“我正是为这个事来的。要说写胡先生，最佳人选是邓恭三先生，可他走了啊。”“是啊！不过，还有一个人适合写，就是何兹全先生，他跟胡先生接触很多。”“我已经拜访过何先生了，他说此前刚刚写完一篇介绍胡先生的长文，不能再写了。您看怎么办？”听我这么一说，先生想了想，说：“这部书里没有胡适是不行的！可环顾宇内，能写他的怕只有我了，因为1946年我进入北大当东语系主任时，他是校长，我们有三年的工作关系，我还是了解他的。就由我来写吧。”我见他老人家答应了，心里别说有多高兴了，我原就想请先生写这一篇的。这时他又问道：“那谁写汤用彤呢?”我忙回答：“还没有想好。”“就请任继愈先生写，他做过汤用彤的学生。”我忙答应下来。

第三件事是我准备编一套《名家心语丛书》的时候。不同以往的是，我这次不想单组先生一篇文章，而是想给他编一本书，于是我又去看望先生。他听了我的想法又连声说好。他说：“我支持你，就把我2000年写的单篇文章交你结集出版吧。”见他老人家这么支持我，我用最快的速度把书赶了出来，并为之起名为《千禧文存》。先生拿到书后说：“交给你我就放心了。书出得真是又快又好。”该书出版后不久，我又产生了一个新的想法：就是以这本书为滥觞，干脆再组织一批老先生加盟其中，编辑出版一套丛书。先生得知我有这样的想法后，又是大力支持，明确表示2001年的文集也交我出版。随后先生又说：“以后我的新书一律交你出版。”有了他老人家的大力支持，我热情高涨，很快又为他编辑出版了《新纪元文存》和钟敬文先生的《婪尾集》、周一良先生的《郊叟曝言》、何兹全和郭良玉先生的《三论一谈》、侯仁之先生的《晚晴集》等书。先生对这套丛书是极为赞成的，不仅亲自为丛书写了“总序”，还不止一次地对我说：“你让我起了一个好头，那些先生才肯接下去把自己的文章结集出版。不然，他们是不肯花时间这么做的。”足见先生对这套丛书的偏爱和重视。为了编好丛书，我经常会利用给先生送书的机会汇报下一步的组稿计划。他每次听得都很认真。有一次我提出要组织几位学者的书稿。他对其中的一位拿不准，说你下次来把这个人出版的东西给我看看。他看过后才终于同意我去组稿。可见先生是多么的严谨和认真啊！他就是这样来帮助和支持我工作的。

第四件事是交我出版《病榻杂记》，时间是2006年10月。我那时已被调往香港一家出版社工作了。听说先生的书已经写完了，但内地竟有近五十家出版社在竞争这部书稿，我远在香港，又不能给先生多好的条件，心里没把握。但先生的秘书李老师接到我的电话后说："老先生的稿子已经写完了，他让你来拿，只同意交你出版，说是君子一诺。"这样我不仅拿到了这部书稿，而且还几乎同时给先生在香港和内地出版了繁、简两种文本。

第五件事是先生交我给他出版《季羡林序跋集》，我编好后提出应在香港先出版繁体字本《季羡林序跋选》。先生听后完全赞成，授权我编辑出版。这样，这两部书得以先后在香港和内地面世。

第六件事是我从回忆中醒过来了，发现季先生走了，也就是说我再也不能像以往那样得到他老人家的帮助和支持了。可是，我一直还想着给他再出一本书，因为他的百岁诞辰就要到了，我不能无所作为。由此我想到先生不仅给了我那么多的帮助和支持，也给了别人许多的帮助和支持；先生以他那渊博的学识、卓越的见解、勤奋的创作和他那颗善良、仁爱、宽厚的心，给这个社会和整个世界带来了多么大的影响和变化啊！这些都太值得我们珍惜、继承和发扬光大啊！

于是，我决定还是以季先生为开端，编辑出版一套《想念大师丛书》。我的这一想法得到了许多人的赞成和支持。经过一段时间的组稿和编辑，作为该丛书的第一部——《想念季羡林》计划于8月初面世，以纪念先生的百岁诞辰。书中的文章都是他的朋友（包括外国朋友）、弟子、同事、学生和接受过他帮助的人饱含深情用心写就的，对于今天的人们全面地了解和认识这样一位不世出的人物的方方面面是大有帮助的。真正的大师是应该永远活在人民大众的心里并被人民大众永远记忆的！季先生就是这样的大师！

最后我想，该书出版后，他老人家如地下有知，一定会感到欣慰，因为他又带了一个好头，许多大师将和他一起被人民大众想念和记忆。我也了却了一桩心愿：为季先生又出版了一本书。

一个纯正的学者

——《想念张政烺》编后

张政烺先生

《想念张政烺》一书虽然出版了，许多珍贵的史料也得以保存下来了，但我感到还有一些话想说，除了学术界以外，知道先生大名的人会有多少呢？其实先生根本就不在乎这样的问题，因为他是一个纯正的学者。他一生心心念念的是他的学问。他用自己一生的辛勤的钻研和付出的心血，在众多的学术领域里取得了丰硕的成果，从而得到了许多学人的尊重。我想起了在二十世纪九十年代后期主编《学林春秋》时亲身经历的一些事：我在向季羡林先生组稿时，他了解了我编这部书的主旨后，马上问我："你请没请张政烺先生？"我答："请了。"他说："这就对了。"随后我在向何兹全、任继愈、马学良三位先生组稿时，他们也都问到我同样的问题。这是我编辑生涯中唯一碰到的一次，可见张先生在其他学者心目中的地位。蔡美彪先生曾对人说：“在咱们社科院，真正有学问的人有两位：一位是钱锺书，再一位就是张政烺。”蔡先生这样说肯定有他的道理。我跟这两位大师都有过接触，钱先生学贯中西，为文汪洋恣肆，对平辈人不轻易称许，他对张先生会怎么看呢？在好奇心的驱使下，我忍不住问过栾贵明先生。他告诉我，有一次钱先生读了张先生的一篇文章，马上写了一封四五页的信，让他送给张先生。信没有封口，他看了，是钱先生称赞张先生的话。这是一件有趣的事，很能说明一点问题。说到张先生的学问，我的恩师赵守俨先生曾给我讲过一件真事：二十世纪七十年代，中华书局奉命组织全国的著名史学专家齐聚北京，整理、点校“二十四史”。赵先生实际负责组织工作，他同张先生很熟，为此去拜访了张先生，请他先选自己点校哪一史。张先生明确表示：“我不先选，剩下哪一史，就算是我的。”结果剩下的是《金史》，就由张先生负责点校。为此，我还曾当面问过先生，他告诉我说是有这么回事。

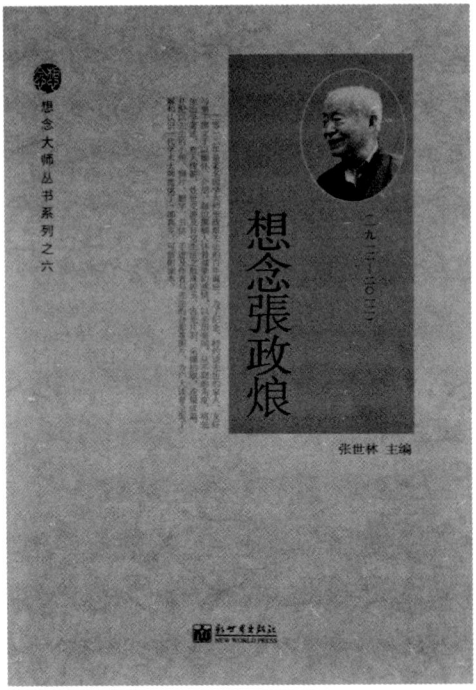

其他的事例在书中还有许多披露，如先生1934年在北大史学系读二年级

时，胡适在给学生上课时问道：“你们有谁知道《封神演义》的作者是谁?”无人回答。先生当时不在课堂上。课后有同学向他说到了这件事，于是他立即给胡适写了一封信，说该书的作者是陆长庚，并作了较为详细的考证。胡适看后回信说：“现在得你的考证，此书的作者是陆长庚，大概很可信了。”他征得先生同意，将两封信一起在北大校刊上予以发表。

二十世纪五十年代，有一次故宫请一批专家去鉴定一件殷商青铜器，参加的人都是当时的名家，年轻点的只有张先生一人。众人都认为铜器有铭文，是真的，只有张先生一人坚持说器物是真的，而铭文是假的，是伪刻。后来证明先生的结论是正确的。

九十年代，有人拿出一部《周易本义》说是宋版，因为书上盖有几个不同时代的人的藏书章，看上去似乎流传有绪。王绍曾先生看后有些怀疑，建议请北图的冀叔英看看。冀看后只是笑了笑，说：“不好说。最好请张先生看看。”结果张先生看后一锤定音，断定为清刻本，藏书章是作伪的人钤上去的。真相终于大白。

《顾颉刚日记》1957 年中秋节那天提到童书业来访时记道：童说现代人所作历史研究文字，大都经不起复案，一复便不是这回事。其经得起复案者只五人：顾颉刚、吕诚之、陈寅恪、杨宽、张政烺。然吕有时只凭记忆，因以致误；陈先生集材，大抵只凭主要部分而忽其余，不知尚有许多零星材料，不能搜罗净尽，以是结论有不确者。顾亦然。杨巨细无遗，结论却下得粗。其无病者，仅张一人耳。

这样的事例书中还有很多，就不一一列举了。但这些事例足以证明：张政烺先生是当之无愧的真正的国学大师。对于这样的大师，我们是不是应该多了解、多知道一些呢？因为有大师而不知道，这就不仅仅是个人的无知，而是民族的悲哀了！写到这里，我又想起张先生常爱对年轻人说的那句话："快去读书！"

2015 年 6 月 16 日夜于京北传薪斋

人格的魅力

——写在《想念杨宪益》出版之际

杨宪益先生

《想念杨宪益》一书终于出版了，我长长地出了一口气，真有如释重负的感觉。要说此前我已经编辑出版了八九部《想念大师丛书》的书，应该说是驾轻就熟了，但这次却颇感费力。首先是前面说到的那些大师，我都有幸和他们亲身接触过，都约他们为我写过稿子，我也大多为他们出过书，关系是比较密切的，我对他们是有一定了解的，更是有较深感情的。其次是他们大多是大学的老师，有很多的门人，在长期的交往中，我和他们也处得很熟，只要老师的事，弟子都愿服其劳。而杨宪益先生，1953 年后就一直供职于外文局，终身从事翻译工作，没有再教过学生。我是 1999 年才调入外文局系统的，而那时杨老早已退休家居了，我虽早闻他老人家的大名，并素所仰慕，但却无缘识荆。本来也想去拜访他，可一想到他年事已高，不便打扰，终未成行，遂成憾事。

2011 年是季羡林先生的百年诞辰，为了纪念他也为了给后人留下一批珍贵、真实的史料，我着手主编《想念季羡林》一书，并发愿以此为滥觞，主编一套《想念大师丛书》，即以大师们的百年诞辰为契机（过百的便遇逢五逢十再编），分别加以组织、编辑、出版，以资纪念。其后我陆陆续续编辑出版了八九部，颇得好评。但身在外文局工作，又怎能数典忘祖，忽略本局的大师呢？杨宪益确是外文局里大师的杰出代表，不过他早已于 2009 年作古。2015 年将迎来他的百年诞辰，应该纪念。于是，我早在 2013 年便动了编辑《想念杨宪益》一书的念头，为此还和过去一直与杨先生保持着密切联系的王湜华、陈有升两位先生一起，专程拜访了杨老的胞妹杨敏如先生。敏如先生十分支持，早早就交来了回忆胞兄的长文。王、陈两位自然是身体力行，也分别写了文章。但这还远远不够，还需要组织一批回忆文章，才能够编好并顺利出版该书。但真正开始动手组稿，才发现不像以往那样顺手。首先是上面已经提到的，杨老 1949 年后长期从事翻译工作，没有学生能为其张罗和撰稿；换句话说，了解他的生平、事迹、贡献和性格特点及为人处世等情况且能写回忆文章的，除了他的一些亲属或私下有密切交往的人以外，大多是和他在一起工作过的同事。可这些人要么已撒手人寰，要么垂垂老矣或疾病缠身，已经无法动笔了。年轻一点的因跟他没有太多的接触，写不出什么有深度、有内容的东西来。所以，虽然勉强开列出一个撰稿人名单，但打了一圈电话之后，能写稿的人寥寥无几。我真感到有些棘手。其次是我手头还有其他的工作，哪件也不能耽搁；更何况我已到了退休年龄，好多事都该有个了结。就这样，《想念杨宪益》一书无法按部就班地做下去，我只能先去编急着要出的书。但毕竟这事已经开了头，我也不忍真的放下。于是，我一边编别的书，一边看杨老的传记。我这才知道，他出生于有钱的大户人家，自幼过着锦衣玉食的生活，却醉心于读书，读他当时所能找到的中外经典，特别是西方文学和希腊古典文学作品。及长，他远赴英伦，考入牛津大学莫顿学院深造。在这期间，国内抗日战争全面爆发，他立即投入了抗日救亡运动，除了组织募捐，还积极在英伦宣传中国的抗战情况，以赢得当地人们的支援。1940 年他刚一毕业便马上携女友戴乃迭回到重庆报效祖国。抗战胜利后，他和夫人戴乃迭来到南京，进入国立编译馆从事翻译工作，同时到中央大学兼任历史系教授，因不满国民党的统治，积极支持学生们的爱国行动——罢课，教学工作也就中止了。新中国成立后，他担任了南京市民革秘书长，撰写了一系列支持中国共产党的宣言和讲话，后被任命为南京市政协副秘书长。1952 年他和戴乃迭奉调入京，负责为出席亚洲和太平洋地区和平大会的宋庆龄副主席翻译和编书。次年，他俩调入北京外文出版社（外文局的前身），开始了专职的翻译工作。1950 年抗美援朝战争爆发后，他和戴乃迭变卖所有的首饰捐献了一架飞机，此前我只知道豫剧大师常香玉有此义举。此后，虽然他俩做了大量的翻译工作，却因政治运动频仍而历尽坎坷，直至“文革”中两人锒铛入狱，他们的爱子精神错乱，后来自焚身亡。但所有这些打击，都只能促使他们在出狱后更加全身心地投入工作，以战胜苦难。这样，他们先后译出了《楚辞》《魏晋南北朝小说选》《史记选》《关汉卿杂剧》《牡丹亭》《长生殿》《儒林外史》《十五贯》《打渔杀家》《白蛇传》《鲁迅选集》(四卷本)《太阳照在桑干河上》《白毛女》《阿诗玛》等等。他们在1972年出狱后首先集中精力合译完成的《红楼梦》，被全世界公认是最好的译本。他俩也被人们誉为“几乎翻译了整个中国”。事实上也只有杨老能承受得起这样的赞誉。改革开放后，他终于加入了中国共产党，并担任了中国文学出版社的总编辑，在政治上重新焕发了青春。他不仅译作迭出，主编了《熊猫丛书》，还撰写了大量的论文、散文、杂文、评论和诗歌，接连出版了几部专集。特别是他写的诗歌，或针砭时弊、或抒发性情、或再现生活、或感叹人生，虽他自己戏称之为“打油”，但却思想深刻，极富哲理，启人心智，足资借鉴。晚年，他作出了自己正确的选择，令人更加敬仰。

在了解了杨先生的不平凡的人生经历和取得的辉煌业绩之后，我被他老人家身上所独具的人格魅力深深地吸引并打动了，我要把这部书编好。这是我的责任。因为他本身就是一部大书！就是一位真正的大师！一个大写的人！我为外文局有这样的大师而感到骄傲，更为自己在退休之际能为他老人家做一点事情而感到心安。

2015年12月30日夤夜于京北传薪斋

初识张彦老

——写在《风云激荡的一生——张彦自传》出版之际

张彦老今年已经九十高龄了，是国际、国内知名的记者，也是外文局的老前辈了。我如今虽也在外文局直属的新世界出版社工作，但余生也晚，进入外文局就更晚了，张彦老1989年离休的时候，我连外文局的大门还没进过呢。但在新世界出版社工作的这十几年中，是不是从来没有听到过他老人家的大名呢，那也不是。因为张彦老充满传奇色彩的一生不仅许多人都知道，更由于他晚年以一个知识分子的良知和记者的敏锐，始终关注着国家和世界的前途和命运，坚持实事求是，认真回顾自己一生的经历，写下了许多真实的感受而赢得很多人的爱戴和敬重。例如从外文出版社退休的陈有升先生时不时地到我的办公室来坐坐，说说话，有几次他跟我提到了张彦老。从陈先生说话时充满敬佩的语气和表情，我不仅知道了张彦老的大名，而且对他也心生敬仰，真想能再多了解他一些，最好是能亲聆教诲。但总归缘悭一面。

可机会说来就来。今年6月上旬的一天，我外出办事回办公室的路上，先是接到张海鸥总编辑的电话，她告诉我社里接到局里交给的出版一部老先生的书稿的任务，作者要求尽快出书，经过领导反复考虑，认为还是由我做责编为好。她还说一会儿今日中国杂志社社长呼宝民会给我打电话征询我的意见，并告诉我那位老先生的联系方式。说实话，我近一段时间里手头工作特别忙，有大量的组稿和编辑任务在等着我，特别急的就是《想念史念海》《想念张政烺》和《情系国计民生——政协提案的故事》（第五、六辑）都正在组稿和编辑之中，真是无法分身啊！何况对方还要求尽快出版，我担心完不成任务。正当我犹豫之际，呼社长的电话接着就来了。他告诉我稿子的作者就是他们社的老记者张彦。我一听，二话没说就答应了。这就是“缘分”啊！回到办公室后，我马上给张彦老打电话，询问书稿的情况。他说稿子已基本好了。我说那就明天上午去您家取。就这样，第二天的上午我见到了心仪已久的张彦老。我递上名片，他看过后，马上问我：“《想念季羡林》就是你编的吗？”见我点头，他接着说：“我弟弟张光璘提起过你，说你们合作得很愉快。”因张光璘先生是季先生的弟子，我和张彦老的关系又进了一层。他说：“是我点名要由新世界出版的，但没想到由你做责任编辑，真是太好了。”“我一直想拜访您，亲聆教诲。今日如愿以偿了。”于是，他老人家把准备好的稿子交给我说："你拿回去好好看看再说。当然了，我希望能尽快出版。""请您放心，我会抓紧的。有问题我会及时和您沟通。"

就这样，我开始了紧张的编辑工作。先是和美编一起制定了版式，考虑到作者年事已高，字体应该大一些，版面尽可能疏朗一点，就用十六开大小的开本。征得作者同意后，便尽快排出了校样。为了赶时间，白天在班上看，晚上还要拿回家接着看。一连几校，都是如此。每次我都把发现的自己不好解决的问题，如人名、地点、年代、时间、图注和需加的图片等记录在校样的旁边，送请作者订正。这样一来，隔三差五，有时是上午，有时是下午，我便会骑上自行车赶到张老家中请教。待到把问题解决完后，我们俩便会聊一会儿天，话题多半是国际国内的形势。看得出他老人家还像当年一样，十分关注国家的命运和前途。给我的感觉，他一点也不像九十高龄的老人，不仅面色红润，精神矍铄；且思维敏捷，思想活跃。因为认真读过稿子，看过他中年时的照片，我这时会不由地联想起他那丰富而坎坷的经历，依稀会窥到作者当年的模样。他早年在西南联大学习英语，积极从事抗日宣传工作。大学毕业时正赶上日本投降，他报名参加了美国新闻处组织的战地记者团，亲赴湖南芷江采访报道侵华日军的受降仪式，开启了记者的生涯。1945 年 8 月抗战胜利后，他接受组织的安排赶往重庆，进入《商务日报》，开始采访报道备受国际关注的国共谈判。内战爆发后，他转到香港，在乔冠华的直接领导下，参加《中国文摘》的编辑翻译工作。1949 年 10 月 1 日，他在天安门城楼上用手中的照相机记录下了新中国诞生的那激动人心的历史时刻。1952 年，北京举行开国以来首次大型国际会议——亚洲及太平洋区域和平会议，他参加中国记者团，负责编辑出版大会的中英文每日新闻公报。1955 年，他又随同周恩来总理出席在印度尼西亚万隆举行的亚非会议，出色地完成了大会的宣传报道工作。正当他的事业如日中天之际，一场“反右”的狂风骤雨改变了他的命运，一个莫须有的“反党分子”的罪名竟折腾了他二十多年。从此，他离开了自己心爱的记者工作，被发配到农村劳动改造。其后，在史无前例的“文化大革命”狂飙中，他更是首当其冲，先是关“牛棚”，后又被“扫地出门”，被送往农村再次接受劳动改造。就是在这样险恶的政治环境中，他没有被压倒，更没有丧失信心，而是通过在农村的实际生活，了解到了中国农村的真实情况，亲身体验到了农民的疾苦和善良，并和农民建立了深厚的友谊。这样的现实不仅教育了他，也迫使他认真思考：自己当年参加革命到底是为了什么？这一切都为他后半辈子事业的发展作了准备。1979 年，改革开放的中国不仅气象一新，他的错案也终于获得彻底平反。此时，敌对了三十年的中美关系正常化了，出于外宣工作的需要，他被派往美国担任《人民日报》首任驻美记者。由此开始了他的新的记者生涯。他针对中美两国隔阂多年造成的互不了解的现实，坚持实事求是，把自己了解的中国的真实情况报告给美国的朋友和人民；同时深入到美国社会的各个层面，和上上下下的美国人交朋友，了解他们的政治信仰和实际生活，将亲眼所见和亲身感受记录下来，让国内的广大读者了解、认识一个真实的美国。他在那样一个年代里发回的一系列关于美国真相的报道，产生了良好的影响。当然了，在其背后，他又经历了怎样的艰辛和作了怎样的努力，那个时代的人们是可以想象得到的。

我上面介绍的这些是书中前面的主要内容，是作者一生的经历；后面的部分则着重记述作者同一些中外名人的交往，其中最感人的是《手足之情无国界》这一篇，内中回顾了他同美国几位当年援华抗战的“飞虎队”战友的深厚友谊。作者谦虚地说：“我这一生就干了这么一件事！”我理解他强调的是中美友谊这件大事。因为早在二十世纪四十年代我国抗日战争最艰苦的阶段，美国就组织了“飞虎队”来华援助中国人民抗战。当时还在西南联大读书的作者，就和他们中的几个进步的美国士兵交往，结为朋友。抗战胜利后，贝尔等三位美国士兵在重庆受到毛泽东主席

新世界出版社、今日中国杂志社联合举办的新书发布会会场

的接见，那张历史性的照片至今还陈列在国家博物馆里。其后，中美两国睽违多年，一直到1979年作者赴美任职，才又同老朋友们欢聚畅谈，并且一直把这种纯真的友谊保持、发展到如今他们的第二代。

全书最大的特色在于一个“情”字，不管是讲亲人、讲友人、讲工作，你都可以切实体会到作者融入其中的那份“亲情”“友情”“真情”。唯此三情，构成了一个感情充沛的永不衰老的张彦老。我坐在他的对面，听他阐述这些“情”时，很震撼！我感到自己也颇有点“位卑未敢忘忧国”了。

2012年9月6日夜于京北传薪斋

《学问的气象》编后感言

一直以来，我就想给袁行霈师编辑出版一本书，因为我总想象着袁师讲课时的风采一定会在这字里行间显现出来。如今，我的这一愿望终于得以实现。我也确实在捧读袁师的文章中再晤了他的风采。

这次，袁师把他近三十年来所写的相对较短的文章，重加搜集、订补和整理，共辑得一百一十篇，按内容分为论学、演讲、祝贺与悼念、序跋、散记五部分，外加附录一篇，并以第一篇文章《学问的气象》作为书名。读过这篇文章之后，再继而通读全书，你会发现作者把这篇文章置于书首是有一定含义的。就像一个人之有头可以统领全身一样，一部书前面有了这一篇就可以提纲挈领、统领全书了。你可以把它理解为是作者给自己定下的为人与治学应追求的目标。何以见得？作者在文中说道：

> 学问的气象，如释迦之说法，霁月之在天，庄严恢宏，清远雅正。不强服人而人自服，无庸标榜而下自成蹊。

那么，什么样的学者才具备这样的气象呢？他举出了中国近现代的几位学术大师：蔡元培、梁启超、陈寅恪、王国维、陈垣、王力、余嘉锡等。

> 中国历来是道德学问并重，学问的气象实有赖于道德的高尚。

在作者的眼中，这些学术大师是有大家气象的，因为他们的道德与学问堪称楷模。实际上他们就是作者的榜样。而在我的眼中，袁师就是具有这种气象的大家。他无疑是我们的榜样。

因为袁师是学者，是中国文化特别是中国古典文学研究领域里声名卓著、著述颇丰的大学者，因此，他的一些学术理念、主张、观点、实践和成果，都会对后来的学术研究有重要的启迪和指导作用。在《横通与纵通》这篇文章里，他讲到文学史研究的两种方法：一种是就文学论文学，力求将上下三千年文学发展中出现的各种现象、体裁、流派的产生、发展和衰落，各个时代的作家和作品的成就和影响梳理清楚，即所谓“纵通”的方法；另一种是将文学与哲学、宗教、历史、艺术乃至科学技术等学科领域的研究结合起来，从中寻求带有规律性的东西，认识和总结文学发展的规律，即所谓“横通”的方法。虽然这两种方法各有所长，但袁师认为，由于人们多习用前者，而今后的研究所缺的正是后者。不这样，文学研究就很难有所突破和有新的发展。为此，他在文中举例加以说明。其实，他自己取得的许多重要研究成果，正是运用这一方法的结果。即以书中的文章为例。他在《中国神话研究断想》一文中，针对中国古代有神话而无“神话”这个词、也没有神话学这一现象，指出今后神话研究如何更进一步，首先要对什么是神、什么是神话这两个概念重新进行探讨。为此，他先后从语源学、历史学、宗教学、民族学、民俗学、文学等多种角度对这两个概念予以考察、辨析，明确了神话和诗歌是上古最初的两种文学形式，神话是后来一切叙事文学的开端，并进而指出：“神话研究要独立成为一个学科！这是一个跨着历史、文学、宗教、民族、民俗以及人类学、考古学、符号学等等学科的综合学科。”对神话的研究需如此开展，对其他学科的研究又何尝不该如此呢?

当然了，我还是喜欢读袁师写的有关古代文论的那几篇文章。因为，在二十世纪八十年代初，我在课堂上就听过一个学期的他开设的有关这方面的课程。当时袁师讲课的情景，他的音容、他的举止、他的板书，包括他说不喜欢假花等等，至今还鲜明地印在我的脑海里。这次细读这些文章，我是既能理解他的新意，又能勾起我的旧忆的。如《雅俗之间》，袁师在引述了司空图《二十四诗品》“典雅”一品的原文后评说道：何谓典雅?“我想不外两点：一是深沉，二是淡。”其实，“典雅”既可以用来形容“物”，也可以用来形容“人”。比如一部线装古籍，特别是那种用蓝色纸作封面的，书脊用白色丝线装订，封面的左侧粘有一条白色宣纸书签，上有一行用漂亮的书法写的书名，正文的宣纸已经发黄，若是将其放在一张红木条案上，怕只能用典雅二字来形容了。我想这个例子当符合袁师说的“大凡典雅的都是深沉的：或者有历史感，铭刻着岁月的痕迹，能够让人联想起悠久的历史文化；或者蕴含着现代的文化思考，启发人向前探索的欲望”的推断。这也是我在做书时常常要思考和注意的问题。

袁师在解释“大凡典雅的都是淡的”时举例说：

> 清淡的化妆可以衬托出雅，浓妆艳抹就难免俗。对名利看得淡些，人就雅些。热衷于名利，就落俗了。

这些话真是深得我心。当然了，袁师写这篇文章的目的不是排俗，而恰恰是说俗有俗的好处，雅俗既能相济又可相变。他还希望有人能为《二十四诗品》再增加“俚俗”一品呢。不过，我还是坚持认为袁师是“典雅”的代表。

在《说趣》一文中，袁师针对这样一个关涉文学艺术评论的有趣的话题，通过引述有趣的诗文、绘画和书法作品，对“趣”之何在、“趣”之何成、“趣”之何用等问题加以形象、生动、具体的阐释，从而引导读者在欣赏诗歌和书画作品时，“也往往从其‘趣’中领会作者的天真、天机和智慧，从而得到愉悦”。

在《体志气韵》一文中，作者由明代谢榛在《四溟诗话》中标举的“体贵正大，志贵高远，气贵雄浑，韵贵隽永”这四条评价欣赏诗文的标准，进而想到不是也可以用来评论人物、修养自我吗？因为“艺术之道和为人之道，原是可以相通的，艺术的至境和道德的至境也是相近的。从艺术欣赏中可以悟出做人的道理，从修身中也可以得到艺术欣赏的眼光”。他的这一感悟，对于我们做人和学艺确有很大的启示。能有这样感悟的人，必能在他的身上有所体现。

我还爱读他写的“散记”。因为他记述的那些旧人旧事，总能勾起我的一些回忆。如在《琉璃厂忆旧》一文中，他提到，在“文革”前后有一段时间，他常随堂兄袁行云去逛琉璃厂，而他的这位堂兄恰是我中学的语文教师，虽未亲炙其教，却天天见面。行云先生身材魁梧，气宇轩昂，一望可知是一位学识渊博之人。1979 年，他考入中国社会科学院历史研究所，当时的主考官、著

作者与袁行霈先生

名的国学大师张政烺先生对他极为赏识，后来即师从张先生治学。八十年代前期我到了中华书局，后曾与同事赵伯陶兄一起去拜访过行云先生两三次，他那时似刚刚撰写完巨著《清人诗集叙录》，准备交中华出版。我为能同先生接续前缘、以备讨教而倍感兴奋。惜天不假年，正当行云先生欲展宏图之际，却罹患癌症，不久就谢世了。我为永失讨教之机而痛悔不已。好在浸透他一生心血的《清人诗集叙录》，后经伯陶兄编辑于文化艺术出版社出版。我为先生能永垂青史而颇感欣慰。这些题外的话，是由读袁师的这篇文章而引发的。

在这本书里，袁师还有几篇文章记述了他在国外讲学时的经历和观感，颇引人入胜。其中的那篇《黄昏》最契我心。讲的是袁师在日本东京讲学一年中度过的三百多个黄昏的感受。

> 黄昏仿佛是专为供人沉思的。书上的字迹渐渐模糊了，抬头向窗外望去，落日的余晖散射在天幕上，宛如罩上了薄纱。开灯还嫌早，索性掩卷闭目，在沉思中打发这白昼和黑夜交界的时分。……黄昏的沉思没有主题，也没有范围，历史、哲学、人生、艺术、中国、外国，自由极了。当然，想得多的还是我的小女儿。

看了这段描写，袁师的思乡之情可谓跃然纸上。无形中深深触动了我的心扉。我在香港工作的那段时间，每当黄昏来临之际，特别是节假日的黄昏最为浓郁，也最难排遣。“独在异乡为异客，每逢佳节倍思亲。”我有好多次，当暮色降临，不得不放下手中的书籍，站在客厅当中，望着西边或暮色沉沉，或乌云滚滚的天际，也会陷入无尽的沉思。想得最多的还是北京的家和女儿。我不是英雄，故常会气短。有时就会播放贝多芬的乐曲，借他的英雄气概来稍稍振奋一下自己。我想，袁师手边要是有这些音乐唱片的话，他也一定会播放的，因为他也很喜欢古典音乐。

读书如见其人，我就有这样的感觉。读着书里的一篇篇文章，就像当面聆听老师的教诲，亲承謦欬，获益良多。我的这些读后感，只能是以意逆志；而袁师的气象自是恢宏远大，当可裨益众多读者。

《情系国计民生——政协提案的故事丛书》编后赘语

编辑出版这套丛书的想法是在2008年年底召开的《把握人民的意愿——全国政协提案办理及复文选》(以下简称《意愿》)出版总结会上提出来的。大家认为这个想法很好，其中也包括我。散会后，这件事就钻进了我的脑子里。但因为马上就要过春节了，也就没有多想。

过完年后，我又在想这件事，总觉得应该干。于是就和政协的杨凤文念叨，他也认为可以干，但提醒我说："真要干可不那么容易。《意愿》一年只出一本，我们那里每年收到的提案有好几千件，用不着你们组稿。可提案的故事，我们一篇也没有。得白手起家。你可想好了。"我听了好像没有真听进去。于是，我们俩便着手策划起来。政协提案委员会的领导听了我们的想法，极表支持，并很快打报告给全国政协秘书长办公会议。不久，正式批准立项。这一天是2009年3月17日。因为今年适值人民政协成立六十周年、新中国成立六十周年，所以决定该书于9月中旬出版，以为献礼。该书的编委会人选也同时获得批准，我被聘为编委和执行主编。最初我们想的就是先编一本，看看各方面的反应。因为是白手起家，当务之急就是组稿。书名已经确定了，就叫《情系国计民生——政协提案的故事丛书》。既然是讲提案的故事的，作者当然主要应该是写过提案的政协委员了。考虑到这些人都比较忙，我认为组稿的面应该大一些，于是，第一批征稿函发出了五百多封。我当时想只要有十分之一的委员写就行。

过了一段时间，收到回执表示可以写稿的不超过十个人。多年的编辑工作经验告诉我，这并不奇怪，真要想得到稿子，只有靠“催”，这可以说是编辑工作的“不二法门”。于是，我开始根据政协提供的委员们留的电话催稿了。首先碰到的一个难题是，一部分委员的电话总是没有人接。这不要紧，我就时不时地打过去。终于有一个人接了，说是平时不住在这里，这次是回来拿东西的。我问“征稿函”收到了吗？答曰：“就是来取信的，每次都有一书包，不知道你的信在没在里面。”对于其他不接电话的，我只有写信询问了。还有一部分委员的电话是秘书代接代传，你听不到本人的声音。还好，最后跟秘书们搞得挺熟，他们都愿意及时通报。另一些委员，电话可以直接联系上，但多半告诉我没有时间写。面对这种种情况，虽未必都在我的意料之中，却还可以理解。这天底下哪有一个人写好了稿子就等着你去拿啊！或哪有几个人你一说写他就写的啊！干了这么多年的编辑工作了，这样好的事情我基本上没有碰到过。到了这个时候，我还没有特别着急，心想不就是编一本书吗，至多不过四五十篇文章而已。

真让我着急的是今年的5月6日，在召开的第一次编委会上，我作为执行主编向领导和编委们汇报前一阶段的工作情况，当我如释重负地告诉大家，经过这一段时间的劳作，第一辑需要的稿子已大体上有了的时候，领导却提出了一个新的想法：既然是向两个“六十年”献礼，仅出一本是不是太轻了，拿不出手。不如索性编三本，摆在那里像个样子！大家都认为领导的考虑是对的。

连我也这么以为。当领导问我有什么困难时，我有点醒了。实事求是地说，困难是明摆着的，就是时间太紧了，满打满算，离出书只剩下四个月了。但我觉得，困难再大，还有出版这部书的意义大吗？更何况还有政协、外文局和出版社领导的重视呢。这样我不用人多劝，就把任务接了下来。

当务之急还是要尽快组到后两本书的稿子。于是我根据已经发出的征稿函先后制定了几批催稿名单，每天的主要工作就是打电话催稿，上班的时间找不到人，就下班后或晚上接着打，打通了，还要千方百计说服人家写稿子。为了能拿到一篇稿子不知打了多少电话，发了多少短信，做了多少工作。工夫不负苦心人，到了 7 月 8 日召开第二次编委会时，我只是告诉大家后两辑的稿子已差不多齐了。领导听了很高兴，会上决定 9 月 15 日出版三辑，9 月 16 日召开新书发布会。

做过编辑的人都知道，组来了稿子只是完成了前一步的工作，接下来的编辑加工更考验一个编辑的水平和能力，它直接关系到书的质量。可最关键的还是留给我的时间已经不多了。没有办法的办法就是加班加点抢时间。首先就是要认真阅稿，一百多篇稿子我班上读不完就带回家读，可有时晚上实在太累了，明明带回五篇，只加工完两篇，就怎么看也看不下去了，头脑中一片空白，瞪着眼却不知道作者在讲什么。于是乎只好就寝。有些文章也确实还存在这样那样的问题，需要和作者沟通，提出具体的修改意见。其中有些作者，本身比较忙或对你特别信任，直接提出要我帮助修改。这也是情理之中的事。

最后，这文章怎么排序呢？我提出文章的顺序就以提案的先后来排，提案的时间相同时党派优先，再以作者的姓氏笔画为序。这样做的好处是可以看出提案的历史脉络和时代特色。具体到每一篇文章怎么排版呢？我提出为了规范和便于读者阅读，每一篇文章前面的作者简介或简历都放在双面，正文则一律放在单面。这需要做大量的编辑调整工作。有时为了删去一面上多出的那几行文字，我是抱着文章读了又读，字斟句酌，简直是不胜其累。为了避免每部书有薄有厚，我又提出每辑限定三百二十面。其实，做好这些是要费一番工夫的。

在做这件事情的过程中，我也确实很有收获，主要是结识了一批“新朋友”。例如资华筠委员。我最初向她约稿，她径直告诉我不能写，因为此前已有好几家约稿，顾不过来了。在我一番“强词夺理”后，她竟答应尽快写一篇。交稿后，经我再一番做工作，她又接连写来两篇，简直成了有求必应了。姚珠珠委员不仅自己写了两篇，还主动给我打电话，提供撰稿的线索。根据这一线索，我赶紧跟舒乙委员联系，于是他又写了第二篇。陈佳洱委员因在国外没有见到我寄去的征稿函，回来后又要主持重要的会议，却还是接听了我的电话，于百忙之中撰写了文章。赵忠祥委员不忍我一再催促，于去机场赴外地前将稿子交给了我。陶斯亮委员是我的第一个组稿对象，交谈中她提及的一些事情和看法深深地吸引了我，直到我拿到了她的文章才松了一口气。邓宇民委员本来是不打算写的，通过交谈，不仅寄来了大作，还寄来了他的新书。叶宏明委员是积极响应者，他一下子发来了两篇文章。这批新朋友多数都没有见过面，但在电话联系中却又像是如晤故人。而在读了他们的文章以后，你就会发现作为政协委员的他们，曾经通过提案发挥了怎样的作用。要是没有资华筠委员的提案，毛里求斯中国文化中心的新大楼恐怕还不能这么快建成并投入使用；要是没有姚珠珠委员的提案，去北医三院就诊的广大患者还不会在宽敞、明亮的新建的大楼里接受医治；要是没有舒乙委员的提案，北京火车站旁边的那片中西合璧的小楼早就被拆掉了，一道靓丽的风景也就会永远消逝了；要是没有叶宏明委员的提案，央视新闻联播栏目会一下子出现那么多优秀新人的面孔吗；要是没有王翔委员的提案，今天的莘莘学子还要在“黑色的七月”里接受高考的煎熬；要是没有吴祖强委员的提案，今天的长安街上就不会有国家大剧院的华丽身影；要是……

写到这里，我感觉到这套丛书里确实有很多吸引人的地方，而这些又是在其他书里不可能读到的。这正是我一定要全力以赴编好这套丛书的精神动力。在书中，那些平时难得一见的政协委员们在向人民大众、向广大的读者讲述参政议政的亲身经历和撰写提案前后发生的真实故事。而通过这些，你会欣喜地发现：我们的生活、我们的社会、我们的国家、我们的一切正随着这些提案的提出和落实而越变越好。要是各地的政协委员们都能把他们参政议政、撰写提案的过程中发生的真实的故事记录并发表出来，我们国家的昌明的政治生活将会为广大人民群众所了解，这该是何等的好啊！虽然为了编好和出版好这三辑《情系国计民生——政协提案的故事丛书》确曾使我苦不堪言，但也正如有人说的“痛并快乐着”一样，我也深深地陶醉其中，并为自己能亲身参与这项工作而颇感自豪。

《情系国计民生——政协提案的故事丛书》部分书影

如今，这三本书就要同广大读者见面了，我没有解脱感和轻松感，只感到“任重而道远”。因为丛书的主编杨正泉先生在其执笔的《前言》中说道：“编辑出版这套丛书，是一项开创性的工作。在今年时间紧迫的情况下，我们决定先期编辑出版三册，作为向中华人民共和国和人民政协成立六十周年的献礼书，同时也作为丛书的开端。”也就是说，这套丛书将继续出版下去，我还要为编辑出版这套丛书做工作，只是希望下次时间能宽裕些。

2009 年 9 月 1 日

把杂志办得更漂亮

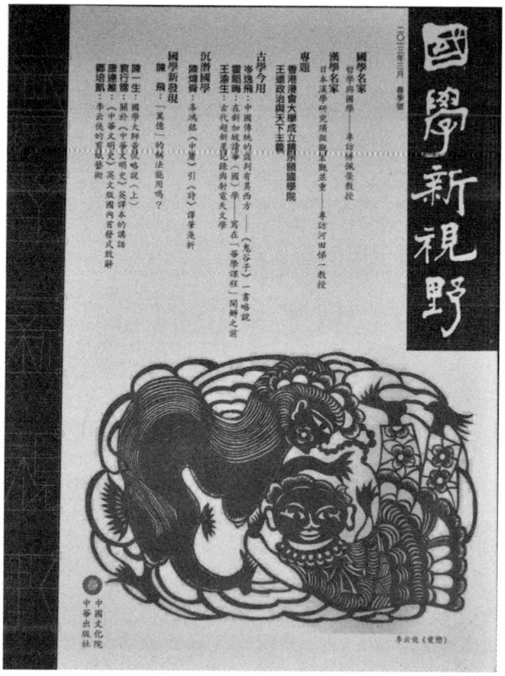

《国学新视野》创刊已经三年多了，作为杂志的特约编辑，我为刊物的茁壮成长感到由衷的高兴，因为我也为杂志做了一些编辑工作。每次拿到新一期的刊物，都会被她漂亮的外表和厚重的内容而感动。刚才特邀主编潘耀明先生在发言中把杂志比喻为开启了一扇窗户，说透过这扇窗户，使读者看到了外面的世界，感受到了吹进的清风和洒进的阳光。我以为这个比喻是十分贴切的。透过十几期的刊物，读者可以发现国学研究呈现出许多不同以往的新的角度、新的思考、新的视野和新的发现。我也由此而想到是不是可以把这本杂志比喻为一座桥梁，是建立在现代和古代之间的一座桥梁，广大读者可以通过阅读去穿越时间的隧道，了解、欣赏和重新发现、认识、评价源远流长、博大精深的华夏文明。我想这些都应该是我们这个刊物努力的方向。特别是刚才许嘉璐先生在祝词中提出希望我们把这本杂志能办得越来越漂亮。我以为这个要求太好了，真正做到却不容易。但我们应该有信心，因为我们有先天的资质，才仅仅三年多的时间，我们这本刊物就已经出落的有模有样，令人爱不释手了。不是都说女大十八变吗？当然会越变越漂亮了！因为我们会继续努力的！

2014 年 9 月 26 日于香港庆祝杂志创办三年的晚会上的发言

《国学新发现》序言

我在香港工作期间有幸结识了潘耀明先生，因工作和志趣有相同之处，除了共同参加一些相关活动外，还就出版话题作过探讨。2011年他受命出任香港创办的大型学术刊物《国学新视野》的主编，承蒙不弃，力邀鄙人为该刊的特邀编辑，从此开始了我们的紧密合作。

《国学新视野》要在一个“新”字。也就是说国学固然是旧有的，但今人研究它应不同以往，要有新角度，谈新发现，提新观点，呈新成果。依这样的理解，我在组稿时颇费思量。怎样才能出新呢？除重新组织介绍已故国学大师的系列文章和采访当今学界重要学者的学术访谈外，我想到了我的老朋友栾贵明先生主持的“中国古典数字工程”。提起该工程又不能不令我想起学高望重的钱锺书先生。

记得早在1986年，我因参与创办中华书局出版的《书品》杂志而第一次拜访钱先生，其后也曾多次打扰，但话题都离不开文史学术。那时钱先生担任中国社会科学院副院长已经有四五年时间，他似乎原想能够为文史研究的正规化、科学化作些努力，但是他的相关建议并未被采纳实施。比如编辑《全宋诗》的计划，就并未得到批准而不得不转递北京大学。他只好务实地告诫自己“未来不可知，当下尤可为”。说这是钱先生的“处世态度”并不贴切，钱先生是说只要专注当下，尽力而为，就能乐在其中。我今天回忆起来，那时或许是钱先生已经看到了电脑发展的新动力，认定经过栾贵明先生的努力可以取得成果而一舒胸襟。

后来我得知“中国古典数字工程”是钱先生指导下正在进行的项目，学术和技术都属先进行列，但大小困难不断。我在和栾先生、田奕的深入交往中，逐渐理解了钱先生对“数字化”的理解和期许。直到2010年，我承担了《国学新视野》杂志的特邀编辑工作之后，首先想到栾先生的“扫叶”团队，那时他们的学术成果已经斐然可观了。

其时，“扫叶”团队在发展过程中虽然困难重重，变故不断，主要是由于资金的问题而大量减员，但骨干成员基本还在，他们已先后完成了唐以前全部文献资料的录入和整理，以及《宋诗纪事补正》《全唐文新编》《十三经索引》《龙藏》等大型古文献项目的整理。在工作中，这批骨干成员聪颖好学，不仅很好地完成了古籍文献的录入整理工作，更在栾先生和田奕的具体帮助和指导下，利用他们发现的大批新资料，围绕一个个专题，写出了一批极具新意和新观点的论文。对于他们的进步和成长，栾先生喜形于色，我们见面时，他总会不由自主地同我津津乐道。真是“言者无意，闻者有心”。他们用最新科技电脑技术整理古籍，发现了大批前人不曾看到的新资料，据此写出的文章，当然是完全符合《国学新视野》的基本要求的。这样一想，我便和栾先生商量，先写一篇访谈，请扫叶公司的总经理田奕介绍“中国古典数字工程”的缘起、发展过程及现状，以期读者对这一伟大的文化工程有一个基本的了解。然后再请他们的员工就各自感兴趣的问题，根据新发现的资料撰写文章，交由刊物发表。基于此，我先请栾先生率先垂范，写了《秦始皇来过石景山吗?》，接着又请陈飞写了《海啸岂可掉以轻心?》。这两篇文章同时发表于2011年秋季号上。两文都根据“中国古典数字工程”发现的新资料而展开叙述和分析、推论，导出的结论不仅新颖，而且令人信服。在下一期的冬季号上，我们又刊发了陈兴武撰写的《古代中国人如何面对灾难》一文，文章披露了大量新发现的文献资料，足资今人参考借鉴。

这些文章得到了主编的认可，也引起了读者的兴趣，杂志领导决定开设一个新栏目，直接名为“国学新发现”。于是，我又先后组织朱婷、李海东、胡竹君、胡敏、胡晓钟、崔昌喜、董磊、锺公达、锺畅平等撰文并相继予以刊发。应该说该刊所载文章的作者多是文史研究界的泰斗或重量级的人物，但主编同时能拨出这么多宝贵的版面来刊载文史研究新人的文章，其慧眼独具和奖掖后进的做法不能不令人钦佩；而从事该“工程”的年轻人，他们为自己的创作能得到前辈学者的关注和杂志主编的支持而深受鼓舞，并大大增强了为弘扬和传播中华文化作贡献的信心。当然了，尽管他们中的大多数人不是科班出身，更没有博士、硕士的学位，但他们手上有一个穷尽性的古典数字库，更遇上了栾先生和田奕这样的好老师，所以说起话来个个底气十足、有分量，写出文章来举证丰富、精确而又新意迭出。我为他们的成长和进步而颇感欣慰。

前几天潘耀明先生告诉我，为了庆祝《国学新视野》创刊三周年，决定编辑出版《国学新发现》专书，计划把上述诸位的文章收录其中。这真是一件喜讯，也是对这批研究新人的巨大鼓励，更是对深入开展传统文化研究工作的促进和推动。我自然乐在其中。只是听说要我写序，十分惶恐。窃以为栾先生方堪大任，潘先生也深以为然。但栾先生坚辞不就，且该书出版在即，不容再推，我只得勉为其难，仅就所知，简述如上。

是为序。

2014 年 7 月 28 日

三、感　　悟

编辑的乐趣

做了三十多年的编辑工作，谈到当编辑的乐趣，还是有一些体会的，是有些话可以说的。但我想起了小的时候，大人或老师总是会问我：“长大了干什么?”可以说，我的小脑子里会想出各种答案，但就是没有想到编辑这种工作，因为认识的人中没有干这差事的，老师也不会提到。而我后来恰恰选中的就是这个职业，且已干到行将退休了，还乐此不疲。

那么，编辑的乐趣是什么呢?我想先讲几个小故事：

其一是二十世纪八十年代中，中华书局出版了《中华大藏经》前五十册，钱锺书先生从我送他的《书品》杂志上看到了这一消息，嘱我将前五册送他看看。我将书送去后，先生很高兴，留我坐下聊天，谈到了他奉命给钱穆先生写信请他回来参加苏州建城二千五百年庆祝活动遭拒一事。谈完便说今天就谈到这里吧。我本来就怕浪费他老人家宝贵的时间，便赶紧起身告辞了。谁知，不到两个星期，先生又通知我再将六至十册送去一阅。送去后，他指着前五册说：“这些我已看完了，你拿回去吧。”我一下子愣住了！该书系影印出版，每本大十六开，比砖头还厚，且只是断句而已。怎么能这么快就看完了呢?我冒冒失失地把这一想法说了出来。先生答道：“我这是在看第四遍了。”听完他这话，我都不知道自己是怎么走出他家门的了。但我知道了什么叫作差距。

其二是二十世纪九十年代的一天，我奉命去启功先生家请他给即将出版的一部书写题签。先生当场写好后说："先晾一晾，我给你讲一讲我'投笔从戎'的故事。"我一听，忙说："您不是一直在学校教书吗？没听说您参过军啊。""那是在1971年的冬天，我那时正在北师大接受监督劳动。有一天我正在扫地，忽然学校的军代表派人把我找了去。一进门就问我：'你就是启功？'我忙认认真真地回答：'我是启功。'军代表用很怪的眼神把我又从头到脚地打量了一番，然后才郑重地宣布道：'接上级电话通知，你从即日起就算正式入伍了。'我听完后，真是丈二和尚摸不着头脑。我当时真怀疑我的耳朵出了问题，一个被监督改造的老右，一下子就参了军，成了人上人？这变化也太大了吧。何况我已是一个快六十岁的老头了，也拿不动枪啊！一定是搞错了。想到这儿，我便壮着胆儿问了一句：'是不是搞错人了？'军代表听后，不耐烦地说：'这学校里不就你一个叫启功的吗？'我说：'是啊！''那还会搞错吗？你赶快收拾一下，下午就去报到！'我一听，也有点儿着急了，心想这是要被充军了，起码也得问明白发配到哪去啊。'那到哪儿去报到啊？'军代表说：'电话里只说调你去24师工作，你就去师部报到吧。''那师部在哪儿啊？总得有个地址吧？''好像说是在王府井大街36号。我当了这么多年的兵，还真不知道那里有个24师。'我一听这地址，乐了，那儿不是中华书局吗。原来是调我去参加'二十四史'的点校工作，其实是点校《清史稿》的工作。可军代表竟听成是24师了，差点让我这快六十岁的老头临了去当兵。就这样，我当天下午赶紧就到中华书局报到了。"启先生讲话时的样子可滑稽了，逗得我几次笑出声来。说完，他拿起书签递给我："全干了，你可以拿回去交差了。"

其三是2006年10月，季羡林先生在301医院写完了《病榻杂记》，准备出版。此时，我因工作需要，已调至香港一家出版社工作。而内地关心、惦记出版先生书稿的人真是太多了，这其中不仅有大社、名社，而且还都开出了特别优惠的条件，据报纸披露，竟有近五十家出版社在竞争这部书稿。面对这样一种状况，加之我又远在香港，特别是考虑到我也不可能给先生提供什么优惠的条件。我的心里真的没了底。当然，即使如此，我也不愿放弃。我从香港给先生的助手李老师打电话了解情况，结果却让我异常感动。她告诉我，先生对所有前来求稿的人说："谢谢你们的好意！我已经答应张世林了。君子一诺！"没想到，先生把先前的允诺一直记在心上。就这样，我不仅拿到了这部大作，先生还把简体字和繁体字两种版权同时授给了我。我只用了两个多月的时间，就把简、繁两种文本出版了。先生看到样书后，对我说："书出得又快又好，交给你我就放心了。"

其四是1997年10月的一天，我去北大拜访邓广铭先生。他老人家见我去了挺高兴，可一边招呼我坐下，一边却先声明："我最近手头很忙，没有时间给你写稿子。"我此行的目的正是为了我责编的《传统文化与现代化》杂志创刊五周年组稿。见状，我不敢直接谈了，只好说："想请教您一个问题，就是如何看待传统文化与现代化的关系？"他听后说："这可是个大问题。传统文化是根本，是基础，离开了它，就什么也谈不上了。打个比方，传统文化好比是头发，现代化就是你想要的发型。如果脑袋上没有头发，你还能剪出什么时髦的发型呢？只能是个光头吗。"我听了茅塞顿开，觉得讲得太好了。便说："您讲得太形象、透彻了，只是我一个人知道了没用，要让更多的人知道才好啊！”他说：“那还不简单，我给你写一篇文章不就行了吗？”没想到我的目的就这样达到了。

其五是有一天我去看望何兹全先生，因为有一段时间没有去了，他见到我很高兴。我说这一段时间没敢来，是怕惹您烦，又来催稿子了。他说：“昨天我和史念海见面还说起了你。我们俩有时特怕见到你或接你的电话。可真要有一阵子没有见到你或接到你的电话，我们又觉得缺了点什么似的。你还是多催着我们点好。文章都是催出来的。”这就是编辑和作者的关系。

限于篇幅，就讲这几个故事吧。细心的读者当会品出我的快乐。恐怕没有做过编辑工作的人，是不会有机会接触到这些大学者的，也就不会享受到这样的乐趣。当然了，做编辑真正的乐趣还不止这些，留待下次有机会再说吧。

2015 年 7 月 8 日夜

再谈编辑的乐趣

在上一篇《编辑的乐趣》的文章中，我介绍了几件编辑工作中发生的真实的故事，记述了我同大师们之间的友谊，诚可谓编辑的乐趣。

但编辑的真正乐趣还不止这些，我体会更深的是下面这样一些事情。一说到这儿，我就会把目光转向我的书柜，里面有好几排书都是我主编的，几十年下来，真不老少。望着望着，心里就会升起一种自豪感和荣誉感，乐趣也就在其中了。一个真正的编辑，自然要学会“为人作嫁”，而且还只能做好，这是应该的，是义务。但绝不能满足于此。因为一个好的裁缝不同于外科医生和理发师，他完全可以为自己量身定制最合体的衣服，也就是说，你会为作者编书，就会为自己编书；你总看别人写的书和文章，自己也会写才对，因为近朱者赤吗。为了节省篇幅，更为了突出重点，我不谈为人作嫁那一段了，只想谈谈为自己编书和写书的经历，因为这正符合我编辑工作的实际。但为自己编书不是想编什么就编什么，捡到篮子里都是菜，而是要有明确的编辑思想和主张，应编什么不编什么，只要好菜不要烂菜。何况一个人的精力有限，最多只能做好一个方面的事情。具体说我的编辑思想和主张是什么呢？就是抢救文化遗产。为什么会形成这样的编辑思想和主张呢？这还得从我主编《学林春秋》说起。

二十世纪八十年代初进入中华书局时，我先是参与创办和编辑《书品》杂志，由于在创刊号上发表了杨伯峻先生写的《我和〈左传〉》，引起了读者的热烈欢迎和好评，于是我又相继组织、发表了陆宗达先生的《我与〈说文〉》、周祖谟先生的《我和〈广韵〉》、王锺翰先生的《我和〈清史列传〉》等文，大家都认为由大师自己谈治学中的心得体会和甘苦，极为宝贵且又极富启迪后学的作用，应该坚持做下去。九十年代初我调入国务院古籍小组参与创办和编辑《传统文化与现代化》大杂志后，这个栏目便中断了。而进入九十年代以后，我们便不得不开始面对“哲人其萎”这样一个严酷的现实，许多大师纷纷凋零，本来我脑子里曾计划组织的一些大师写的回顾和总结自己一生治学经验的文章再也无法交卷了。这么宝贵的文化遗产就永远地消失了，这是无可挽回的巨大损失！我不能眼睁睁地看着它们流逝。我要立即采取行动，抢救这一份宝贵的遗产。于是在 1997 年我决定主编《学林春秋》一书，当然这是在做好编辑《传统文化与现代化》的本职工作之余进行的。既然是抢救，我便把约稿对象定为八十岁以上的老先生。为此，我先后给近百位老先生或写信或打电话约稿，题目一律是“我和……”。这一编辑思路得到了许多老先生的认可和支持，经过一段时间的艰苦的组稿和催稿工作之后，功夫不负有心人，我终于拿到了四十几篇文章，编辑出版了这世上原本没有的《学林春秋》一书。接着我想到六十至七十九岁的老先生的治学经验也应该抢救。于是乎如法炮制，又先后给全国各地的三百多位作者写信约稿，最终拿到近九十篇文章，从而编辑出版了《学林春秋》二编和三编。这三部书共收入了近一百三十位著名学者撰写的治学心得和体会，足资后人学习、研究和借鉴，也为研究、整理二十世纪中国学术史打下了坚实的基础。《学林春秋》的编辑、出版，不仅改变了我的编辑思路，也确立了我今后的编辑方针——以抢救文化遗产为己任，并始终不渝地加以贯彻和落实。其后，我又主编了《学林往事》，这可以看作是《学林春秋》的姊妹编。

到了2000年，我提出主编《名家心语丛书》的选题，具体做法与前面不同，即由原来每人写一篇文章改为每人写一部书，这样就有了季羡林先生的《千禧文存》和《新纪元文存》，何兹全、郭良玉先生的《三论一谈》，吴宗济先生的《补听集》，侯仁之先生的《晚晴集》，王锺翰先生的《清心集》，周一良先生的《郊叟曝言》，张允和、张兆和先生的《浪花集》，金开诚先生的《文化古今谈》，来新夏先生的《出枥集》，钟敬文先生的《婪尾集》，张岱年先生的《晚思集》，任继愈先生的《竹影集》，冯钟芸先生的《芸叶集》，周有光先生的《见闻随笔》，吴小如先生的《霞绮随笔》，吴冠中先生的《短笛无腔》，华君武先生的《漫画一生》，彦涵、白炎先生的《求索集》，赵俪生先生的《桑榆集》二十部新书。这应当说是我抢救下来的一批重要的中国文化遗产。

到了2011年，我开始主编《想念大师系列丛书》，先后出版了《想念季羡林》《想念周振甫》《想念邓广铭》《想念史念海》《想念王锺翰》《想念程千帆》《想念张政烺》等书。这也是为了保存一批珍贵的史料，以供后人了解、学习、纪念、研究这些不世出的大学者。

2014年，我又参与主编出版了著名学者钱锺书先生生前规划和指导的《中国古典数字工程丛书》，目前已编辑出版了《中华史表》

《列子集》《老子集》《庄子集》《孙子集》《鬼谷子集》等书。

2009 年，我写的《大师的侧影》一书由中华书局出版，内中记述了我同三十几位老先生的交往和友谊。也可以看作是编辑工作的收获吧。

列举了上面这些事实和长长的一大串书名，我要说的是，这才是编辑的真正的乐趣。而且假如我不会为别人缝制嫁衣，或仅仅满足于只会为别人缝制嫁衣，我都不可能为自己缝制出合体的嫁衣——《大师的侧影》。我上面开列的那些书，本来都是没有的，不会有哪位作者写好了交给我。正因为我是编辑，经历了那样一段工作，在工作中产生了那样的认识和思想，才会策划、组织、编辑、出版这样的书，才能抢救出这样一大笔宝贵的文化财富。这样的工作不是谁要我干的，是我自觉自愿干的，且一直干到了行将退休。我望着这几大排书，其乐可知。正可谓：夫复何求！

2015 年 7 月 22 日夜于京北传薪斋

编辑与写作

做了三十多年的编辑工作，我对这一行的优势是有认识的。人们评价这门职业时最爱说的就是“为人作嫁”。从客观上讲，这句话说得很对，表明了编辑是为作者服务的。换句话说，编辑好比裁缝，作者拿来了布料，你要把它裁剪、缝制成漂亮的嫁衣，最后作者穿上它去接受读者的赞美。就像外科医生为病人做手术、理发师为大众理发一样。其实呢，编辑同后两者的工作是不完全一样的，他们的手艺再好，也不能为自己服务；而一个有好手艺的编辑，就像一个好裁缝，完全可以为自己量身定制出一套漂亮的衣服来，同样可以穿上它去接受读者的赞美。不过，编辑本人主观上要有这样的认识，否则，纯依了客观，只能为他人作嫁了。

今天人们一谈到编辑，总认为你应该会写作。你整天在审读修改作者的文章或书稿，你比作者的水平还高，难道还不会写吗？这种看法是片面的。审读修改是编辑的工作，需要有较高的文字水平，但不能据此说就比作者的写作水平要高。可熟能生巧，读了许多好文章、好书，能不受影响吗？不是有那么句老话，“熟读唐诗三百首，不会做诗也会吟”吗。这样一来，无论是从主观还是从客观上讲，编辑都应该会写作。这应该是对编辑的基本要求。尽管读书与写书不是一码事，但谁说不可兼而有之啊？事实上，既当编辑又当作者的名家大有人在，如张元济先生、叶圣陶先生、张中行先生、周振甫先生、傅璇琮先生等等，他们都是大名鼎鼎的编辑家和著作等身的大学者。你读了他们的书，不但会为他们的研究和写作水平赞叹，更会为有这样的编辑前辈而倍感骄傲。我们应该向他们学习，学会一边编书，一边写作。

写什么呢？我认为首先应该会写书评，因为它与我们的工作直接相关。编辑是一部书稿的第一个读者，不但要通读，还要做编辑加工。一般情况下，一部书稿起码要读两三遍。这样下来，这部书稿的内容你就完全清楚了：它的主题思想是什么，反映了哪个时期哪个领域里的人和事，采用了什么样的写作手法，细节刻画得如何，最感人的地方在哪里，与同类著作相比，它有哪些突破，还有哪些不足。你只要是一个用心的编辑，在读稿的过程中随时把自己的感受记录下来，最后通过排比、综合、取舍、连缀，加上一个开头和结尾，一篇书评就基本成型了。当然了，写作不是一件容易的事，但也绝不是一件高不可攀的事，关键在于你是不是一个有心人，还得是个有恒心的人。只要你坚持写下去，就不仅能写好书评，也还能写出好作品，也一定能成为既是好编辑又是好作者的复合型人才。但要想成为上面提到的那些大家，就还得有自己的研究领域和科研能力。这是题外话了。

除了会写书评，还应该会写随笔。比如，编完了一部书，你对该书的内容不想作过多的评价，只想介绍一下你同作者的关系。为什么作者会选你做责编，你为什么要做这部书的责编，这里面一定有故事，你不讲，读者就无法知道；你讲了，读者就了解了原委，就会从一个侧面进到书中，可加强对全书的理解。如我在编完了张彦老的自传后，写了《初识张彦老——写在〈风云激荡的一生——张彦自传〉出版之际》，介绍了我同他老人家因编此书而相识、相知，并多次就稿件中或编辑中的一些问题或登门、或打电话求教和交流的过程。同时还就自己所知，对作者写作的背景和工作经历及生活遭际作了一些交待，这对于读者更好地了解作者和书中的一些事件是有直接的帮助的。在《想念张政烺》一书出版后，我总感到社会上对张先生还不太了解，而我知道的一些事迹书中又没有记述下来，作为编辑我应该撰文加以披露。于是我写了《一个纯正的学者——〈想念张政烺〉编后》，将我从一些老先生口中听到的反映他的治学和为人的几则典型事例介绍出来，这对于广大读者了解这位享誉学术界的国学大师的突出贡献，进而引发他们深入阅读该书当有所启迪和帮助。

此外，还应该会写怀人记事的文章。在工作中，我们会同许多作者结为朋友。随着时间的推移，一些朋友会离我们而去。为了纪念他们，也为了记述同他们的交往和友谊，我们做编辑的常常要应约撰写一些回忆文章，既彰显逝者的成就和贡献，又寄托我们的哀思，尽朋友之谊。我在几十年的编辑工作中，写了许多篇回忆文章，记述我同一些大师们的交往和友谊，从中可以看到他们对我的帮助、教育和引导。要想写好这类文章，最重要的是文中要记述交往中发生过的一些真实、生动、具体、感人的故事。例如我写的回忆张政烺、季羡林、顾廷龙、邓广铭、周振甫、何兹全、周一良、马学良、王尧等先生的文章，就有不少外人不知道的细节，发表后产生了较大的影响。写这类文章，我有一条重要的经验，就是好记性不如烂笔头。做编辑，一定要手勤。我们平时去拜访作者，要么带上录音设备，要么回来后予以追记，千万不要犯懒，更不要相信记忆。我有时就是因为犯懒或相信记忆，到后来需要写时，有些细节怎么也想不起来了，只好搁笔。

编辑会写的应该还有许多，但限于篇幅，我这里只能介绍最基本的。其实，编辑这个职业有一个最大的特点，就是要在实践中学。记得启功先生常风趣地讲，他最想开一门“猪跑学”。他说：“没吃过猪肉，还没见过猪跑吗?”年轻的编辑同事们，只要你是一个有心人，在长期的编辑工作实践中，你一定会为自己缝制出漂亮的衣裳的。因为你是编辑，你最接近作者!

2016 年 6 月 1 日夤夜

编辑的胸怀

编辑工作说到底还是为人作嫁，这是编辑工作的性质所决定了的。不管你把衣服做得多么合身，多么时髦，多么漂亮，最终还是要穿在作者的身上，由作者展现给广大读者，并由他接受大家的赞美。通常的情况是，读者赞美的是作者的书写得多么好，多么精彩，多么深刻，多么引人入胜，一般不会想到背后的编辑为此付出了怎样的劳动，对提高书稿质量做出了怎样的贡献。这也是情理之中的事。

我在三十多年的编辑工作中，加工过大量的书稿。由最初的改改错别字、标点符号和调整句子的语法结构，逐渐进到审查书稿的内容是否正确、遣词用语是否规范、表述是否严谨、引用的史料是否无误、中心思想是否突出、全篇布局是否合理、逻辑思维够不够严密、有没有一定的文采等。随着关注点的不断深入，编辑加工的痕迹越来越多。原来每面只有几个红字，到后来渐渐增多，再到天头、地脚和两端甚至附纸上都写满了红字。我的同事看见了会说：“你改得已满纸飘红了，到底是作者写的还是你写的啊?”这话还真问到了点子上了。我回答说：“最多只能算是代人立言。”因为帮助作者提高书稿质量是编辑义不容辞的职责。（当然，凡有大的改动，必须征得作者同意。其实，只要你的改动是对的，是言之有理的，是为作者负责的，他们一般都会同意的。）有时你会为作者的一句话而苦思冥想：这话说的总觉得有点别扭或不到位，问题到底出在哪里？结果为了这一句话你可能要思索好半天，终于把它改得顺畅明白了，这还算好。也有时改来改去总觉得不合适，干脆暂时放下，过一段时间再斟酌，往往能有所悟；有时你读完了一篇文章，会发现作者的结论里缺了一点什么，不把它揭示出来就不完整。于是明白的你会自然而然地顺手予以补上。而不能一下子得出结论的，则需要你深入思考研究后才能总结出来并给它补上；有时作者的结论在前三点已经基本说清楚了，第四点除了其中的一句话以外属于蛇足，于是你把这句话并入前三点，删去第四点，使结论更加简洁、明确；有时你认识到作者在文中举的例证不足以支撑其结论，于是你会为其补充更具说服力的例证；有时你会觉得作者的结论下得太死，你会帮他改得婉转一点，留有余地；有时你会感到文章的结尾有些突兀，收不住，你会帮他补缀几句，做到恰到好处，完美终篇；有时你会发现文章没有问题，就是叙事平平，缺乏文采，不能吸引人，你会帮他加工润色，在文中适当的地方增加一些小标题或关键词，或美文丽句，以增添文采。

上述事例我以为编辑都应该是能代劳的，除非你力有不逮。而我还遇到过下面这样的事，给我造成了不小的麻烦，浪费了我不少的精力，以至于我真想将书稿退给原编者了事。事情是这样的：几位老友为他们的老师编了一套选集，每卷各选老师一个方面的著作，集合起来以求能反映老师全面的学术成就。他们把选好的稿子由主编分批交我编辑出版。前几卷书稿经过我编辑审订后出版了。后几卷书稿在审读过程中发现有些文章不仅与前出的几卷有重复，甚至未出的几卷之间也有重复，且量还不小。同时我还发现有些内容与书名性质不合，明明是讲宗教的文章却收入了文学卷，等等。由于各卷书稿是由多位编者分头编辑的，出现这样的问题也不能完全归咎于他们，但问题到底应该怎样予以妥善解决呢？一位我素所敬佩的老编辑对我说："还是由我们提出具体的修改意见，请他们自己调整吧。谁让我们是做编辑的呢。"是啊，编辑不就是为作者和读者服务的吗？在编辑加工环节发现问题改正过来，总比书出版后再发现要好。这才是对作者和读者负责啊！于是我和原书编者及时交换了意见，由他们作了比较大的调整，删去了重复的内容，增补了相应的新文章，这样一来，工作量虽然增加了不少，但书稿的质量则得到了保证。我的心里是踏实的。

还有的时候，你拿到一部书稿后，作者有明确的意见：不许改动。对此，我以为不用生气，而是要认认真真地加以审读，凡是需要修改的地方，你都把它们标示出来，附上你的修改意见，退给作者过目。只要你的意见是对的，是合情合理且又是为作者负责的，对书稿的质量有所提高的，作者一般都会接受你的意见，同意你的改动建议。因为你和他的目标是一致的，而且他还要感谢你，说不定他下次还会找你出书呢。其实这样的作者多是由于被以前不负责任的编辑胡改乱改给吓怕了，才会提出不许改动的要求的。

总之，编辑工作就包括这些方方面面，你要想做好，自然要付出辛劳和心血，虽然最后署名的还是作者，但经你手缝制的嫁衣穿在作者身上是那么的得体、光彩和出众，读者赞美作者的同时，不也就在赞美你这个背后的裁缝的手艺吗？诚所谓“与有荣焉”，你能不感到幸福和快乐吗？

2015 年 9 月 16 日于京北传薪斋

编辑的收获

做了一辈子的编辑工作，如问我收获如何？可以用“满满”两个字作答。第一个收获就是结识了一大批大师级的作者。这对我的编辑工作和整个人生可以说起到了决定性的作用。人们不是一说到编辑工作就用“为人作嫁”来形容吗？客观地讲，这个词形象地说明了编辑是为作者服务的。也就是说，你只有先找好了“人”即作者，才有可能组织来作品为人做嫁衣，否则便成了空谈。因此，认识作者是编辑工作的第一要务。但认识什么样的作者，最初不是你可以决定的，而是由你所在的出版社或杂志社的出版范围及你所具体承担的编辑任务决定的。

我是1984年进入中华书局开始从事编辑工作的，前后工作了十五年，主要负责编杂志。先是参与创办《书品》杂志，这是中华书局继《文史》《文史知识》两本杂志后创办的第三本杂志，主旨是介绍和品评中华版的图书。而中华版图书又主要可以概括为学术著作和古籍整理两大类。这样一来，要想办好《书品》杂志，首先就要结识能够品评和介绍中华版图书的作者。办了七年后，因工作需要，1992年年底我又被调入国务院古籍整理出版规划小组办公室，参与创办《传统文化与现代化》大杂志，又编了七年。

在这十五年的编刊工作中，借助于中华书局和国务院古籍小组这样两个得天独厚的大平台，特别是在李侃、赵守俨、傅璇琮等老一辈编辑大家的帮助指导下，我的编辑业务水平得到了较大的提升，先后结识并团结了一大批大师级的作者，如钱锺书、杨伯峻、缪钺、金景芳、顾廷龙、陆宗达、蔡尚思、周有光、邓广铭、钱仲联、张岱年、季羡林、侯仁之、张政烺、启功、何兹全、胡厚宣、史念海、周一良、王锺翰、程千帆、王世襄、周祖谟、杨志玖、任继愈、饶宗颐、赵俪生、李慎之、丁伟志、冯其庸、林甘泉、傅熹年、徐苹芳、王尧、吴荣曾、李学勤、裘锡圭、张岂之、张传玺、袁行霈等先生。他们不仅大多是我们这两个刊物的作者，而且在我于1999年离开中华书局调入朝华出版社和新世界出版社后，也成为后两家出版社的主要作者。为什么会这样呢？答案是不言而喻的。因为我在长期的编辑工作中认真为作者服务，同他们建立了深厚的友谊，得到了他们的信任。所以不管我走到哪里，只要我提出高水平的选题，他们都会积极配合我的工作。由此可见，结识并建立起自己的作者队伍，对一个编辑来说是多么重要啊！

但自然规律是最无情的，自二十世纪九十年代起，我们不得不面对“哲人其萎”、大师们纷纷谢幕这样一个严酷的现实。对此，作为一名编辑，我开始自觉地把工作定位于“抢救文化遗产”，并始终不渝地认真贯彻落实。其结果就是由我主编的记录了近一百三十位大师亲笔写下的回忆自己宝贵的治学经验的六卷本《学林春秋》的面世，和这些大师回忆自己的老师们的治学经历的三卷本《学林往事》的出版；其后就是我主编的以季羡林先生为首的二十位大师参与的《名家心语丛书》二十册的陆续推出；接着是《想念大师丛书》的接二连三的不断问世；近两年来又分批推出了钱锺书先生生前亲自规划和指导的、利用电脑最新科技对我国的全部古代典籍重新整理后的全新成果——《中国古典数字工程丛书》。它的出版必将促使整个世界重新看待、认识和评价中华古代文明对全球文明所作的巨大贡献。

这些丛书的编辑出版，既可以看作是我编辑生涯中的第二个重大收获，又恰好具体、生动地说明了它与第一个收获即结识和建立一大批大师级作者队伍的密切关联和重要性。

作为一名编辑能有这样两点重要的收获，可以说不算虚度此生了。但愿我的这点收获能对年轻的编辑同行们开展工作有所启发和借鉴。

2016 年 5 月 25 日夤夜

附　主要编著目录

一、《分甘余话》（清）王士祯撰　张世林点校整理　中华书局出版

二、《大师的侧影》张世林著　中华书局出版

三、《大师的感召》张世林著　新世界出版社出版

四、《大师绝响》张世林编著　北京联合出版公司出版

五、《大师趣闻》张世林编　北京联合出版公司出版

六、《学林春秋》张世林编　中华书局出版

七、《学林春秋》（六卷本）　张世林编　朝华出版社出版

八、《学林往事》（三卷本）　张世林编　朝华出版社出版

九、《为学术的一生》张世林编　广西师范大学出版社出版

十、《家学与师承》（三卷本）　张世林编　广西师范大学出版社出版

十一、《名家心语丛书》（二十册）　张世林主编、责编　新世界出版社出版

1. 《千禧文存》季羡林著

2. 《新纪元文存》季羡林著

3. 《三论一谈》何兹全、郭良玉著

4. 《补听集》吴宗济著

5. 《晚晴集》侯仁之著

6. 《清心集》王锺翰著

7. 《郊叟曝言》周一良著

8. 《婪尾集》钟敬文著

9. 《晚思集》张岱年著

10. 《竹影集》任继愈著

11. 《芸叶集》冯钟芸著

12. 《霞绮随笔》吴小如著

13. 《见闻随笔》周有光著

14. 《浪花集》张允和、张兆和等著

15. 《文化古今谈》金开诚著

16. 《出枥集》来新夏著

17. 《短笛无腔》吴冠中著

18. 《漫画一生》华君武著

19. 《求索集》彦涵、白炎著

20. 《桑榆集》赵俪生著

十二、《想念大师丛书》　张世林主编、责编　新世界出版社出版

1. 《想念季羡林》

2. 《想念周振甫》

3. 《想念邓广铭》

4. 《想念史念海》

5. 《想念张政烺》

6. 《想念王锺翰》

7. 《想念程千帆》

8. 《想念杨宪益》

十三、《中国古典数字工程丛书》　张世林副主编、责编　新世界出版社出版

1.《中华史表》

2.《列子集》

3.《老子集》

4.《孙子集》

5.《庄子集》

6.《鬼谷子集》

7.《炎帝集》

8.《黄帝集》

9.《皇甫谧集》

十四、《情系国计民生——政协提案的故事丛书》　张世林执行主编、责编　新世界出版社出版

十五、《季羡林学术著作选集》（十二卷）　张世林责编　新世界出版社出版

十六、《病榻杂记》　季羡林著　张世林责编　香港和平图书有限公司出版

十七、《季羡林序言选》　张世林选编　香港三联书店出版

十八、《季羡林论中印文化交流》　王树英选编　张世林责编　新世界出版社出版

十九、《非凡人生——季羡林先生》　王树英著　张世林责编　新世界出版社出版

二十、《我眼中的季羡林》　施汉云著　张世林责编　新世界出版社出版

二十一、《故宫史话》　单士元著　张世林责编　新世界出版社出版

二十二、《学问的气象》　袁行霈著　张世林责编　新世界出版社出版

二十三、《风云激荡的一生——张彦自传》　张彦著　张世林责编　新世界出版社出版

二十四、《中国历代王朝兴亡四字歌》　高明著　张世林责编　新世界出版社出版